그리스도교 신앙 원천 **Fontes Fidei Christianae 07**

Ioannes Chrysostomus
*HOMILIA DE POENITENTIA
DE ELEEMOSYNA*

Translated with notes by Moonhee Choe and Wono Choe
Korean translation copyright © 2019 by Benedict Press, Waegwan, Korea.

그리스도교 신앙 원천 7
참회에 관한 설교
자선

2018년 12월 20일 교회 인가
2019년 2월 2일 초판 1쇄
2022년 3월 31일 초판 2쇄

지은이	요한 크리소스토무스
역주자	최문희
해제	최원오
펴낸이	박현동
펴낸곳	성 베네딕도회 왜관수도원 ⓒ 분도출판사
찍은곳	분도인쇄소

등록	1962년 5월 7일 라15호
주소	04606 서울시 중구 장충단로 188 분도빌딩 102호(분도출판사 편집부)
	39889 경북 칠곡군 왜관읍 관문로 61(분도인쇄소)
전화	02-2266-3605(분도출판사) · 054-970-2400(분도인쇄소)
팩스	02-2271-3605(분도출판사) · 054-971-0179(분도인쇄소)
홈페이지	www.bundobook.co.kr

ISBN 978-89-419-1905-6   04230
ISBN 978-89-419-1850-9   (세트)

요한 크리소스토무스

참회에 관한 설교
자선

한국교부학연구회
최문희 역주·최원오 해제

분도출판사

일러두기

1. 성경 인용은 원칙적으로 『성경』(한국천주교주교회의 2005)을 기준으로 삼았으나, 교부들이 인용한 성경 본문이 『성경』과 차이가 있을 때에는 그리스어나 라틴어 원문을 직역하였다.

2. 성경 본문에 나오는 지명 '유다'는 로마제국의 지방명일 경우 '유대아'로, '유다인'은 '유대인'으로, '유다교'는 '유대교'로 표기했다. 교부 시대의 인명과 지명은 『교부학 인명 · 지명 용례집』(분도출판사 2008)을 따랐다.

3. 작품명은 『교부 문헌 용례집』(수원가톨릭대학교출판부 2014)을 따랐다.

"오래고도 새로운 아름다움!"Pulchritudo antiqua et nova!

교회의 스승인 교부敎父들은 성경과 맞닿은 언어와 문화로 주님의 삶과 가르침을 생생하게 느끼며 살았던 신앙의 오랜 증인들이다. 모진 박해와 세상 거짓에 맞서 기꺼이 자신을 불사르며 복음의 진리와 거룩한 삶의 가치를 지켜 낸 성인들이며, 하느님 백성을 섬기고 돌보는 일을 천직으로 여겼던 목자들이다. 교부 문헌이 탄생한 자리는 책상머리가 아니라, 기쁨과 희망, 슬픔과 고뇌로 누벼진 민중의 애달픈 삶의 현장이었다. 그래서 교부들의 많은 가르침은 단순하면서도 감동적이고, 힘이 있으면서도 따뜻하다. 특히 사회 교리나 교회 생활에 관한 탁월한 가르침은 현대 교회에도 끊임없이 새로운 영감을 불어넣어 주는 마르지 않는 샘이다.

"집어서 읽어라!"Tolle lege!

가장 위대한 교부라고 일컬어지는 아우구스티누스는 바오로 서간을 집어서 읽으면서 진리에 눈을 떴고 마침내 회심했다. 다양한 교부 이름과 책 제목들만 빽빽한 각주로 달려 있는 두터운 신학 논문집보다 짤막한 교부 문헌 한 편이 신학 연구와 영성생활에 훨씬 더 유익할 수 있다. 신학의 진정성과 보편성은 원전을 집어서 읽는 데서 비롯하기 때문이다.

고맙게도 분도출판사는 1987년부터 대역본 교부 문헌 총서를 펴내고 있다. 라틴어·그리스어 본문을 우리말 번역과 나란히 싣고 상세한 해제와 주석을 단 혁신적 출판 기획은 우리나라 서양 고전 번역의 새로운 지평을 열었다. 세계적 권위를 지닌 프랑스의 '수르스 크레티엔느'Sources Chrétiennes, 독일의 '폰테스 크리스티아니'Fontes Christiani, 이탈리아의 '누오바 비블리오테카'Nuova Biblioteca 등에 당장 비길 바는 아니겠으나, 교부학 불모지였던 우리나라의 철학과 신학, 인문학과 영성 분야에서 일구어 낸 성과와 공헌이 적지 않다.

그러나 고전어를 직접 번역하고 해제와 주석을 다는 일은 고달프고 더딘 여정일뿐더러, 한정된 전문가들에게 기댈 수밖에 없다는 것이 한국교부학연구회와 분도출판사의 공통된 고민이다. 기존 교부 문헌 총서의 원전 번역을 꾸준히 이어 가면서도 신자들의 삶과 영성에 꼭 필요한 짧고 감동적인 교부 문헌들을 줄기차게 소개하는 일을 병행할 수는 없을까? 대중판 교부 문헌 총서인 '그리스도교 신앙 원천'이 바로 그 해답이요 대안이라고 확신한다.

"원천으로 돌아가자!" Ad fontes!

라틴어나 그리스어 등에서 직접 번역하는 원전 대역은 아닐지라도, 현대어(영어, 프랑스어, 독일어, 이탈리아어, 스페인어 등)로 충실하게 번역된 교부 문헌들 가운데 한국 현실에 꼭 필요한 책 50권을 우선 골라 해마다 다섯 권씩 펴내기로 했다. 신앙과 삶을 일치시켜 줄 수 있는 실천적 주제들(예컨대 '기도와 선행', '부와 가난', '재화의 보편적 목적과 분배 정의', '참회와 자선', '교부들의 생애' 등)을 발굴하고 엄선하기 위해 여러 차례에 걸쳐 간행위원들의 지혜를 모아 냈다. 권위 있는 현대어 번역본을 아름답고 적확한 우리말로 옮겨 낼 빼어난 전문 번역가들의 연대 덕분에 가능했던 기획임을 고백한다. 누구에게나 널리 읽힐 수 있는 '대중판'Vulgata이라는 대전제를 늘 기억하면서 간결하고 명쾌한 우리말 표현을 애써 찾으며 군더더기 해설을 절제할 것이다.

'그리스도교 신앙 원천'은 한국교부학연구회가 분도출판사와 손잡고 추진해 온 '교부들의 성경 주해'(전 29권) 번역 출간의 후속 작업이다. 교부 문헌은 가톨릭과 정교회와 개신교가 함께 보존하고 가꾸어야 할 그리스도교 공동 유산이기에, 원천으로 돌아가기 위한 이 노력들이 영적 일치운동에 꾸준히 이바지하리라 믿는다.

"교회는 늘 새로워져야 한다!"Ecclesia semper reformanda est!

이제 우리는 끝이 보이지 않는 새로운 여정에 첫발을 내딛는다. 끝이 보이지 않아 행복하다. 지난 수십 년 동안 이 땅에 교부들의 씨앗을 묵묵히 뿌려 온 선배들이 그러했듯, 우리도 힘닿는 만큼 교부 문헌을 살뜰히 옮기다 떠나갈 것이다. 밭에 묻혀 있는 보물과도 같은 교부 문헌을 정성스레 캐내어 생명력을 불어넣는 이 가슴 벅찬 일이 끝없이 이어지기를 바라는 마음 간절하다. '그리스도교 신앙 원천'이 책

꽂이에 차곡차곡 꽂혀 갈수록 우리 교회는 더 젊어지고 더 새로워질 것이다. 교부 문헌은 교회 쇄신의 물줄기를 끊임없이 제공하는 그리스도교 신앙의 살아 있는 원천이기 때문이다.

2018년 1월 25일

한국교부학연구회 회장 장인산

차례

'그리스도교 신앙 원천'을 내면서___ 5

참회에 관한 설교___ 13

   첫째 설교___ 15

   둘째 설교___ 40

   셋째 설교___ 60

   넷째 설교___ 85

   다섯째 설교___ 106

   여섯째 설교___ 127

   일곱째 설교___ 156

   여덟째 설교___ 199

   아홉째 설교___ 225

자선___ 233

해제___ 267

1. 요한 크리소스토무스의 간추린 생애___ 269

2.『참회에 관한 설교』___ 275

3.『자선』___ 280

4. 그리스어 원전___ 282

5. 현대어 번역___ 282

6. 더 읽을거리___ 283

주___ 285
주제어 색인___ 289
성경 색인___ 297

Ioannes Chrysostomus
Homilia de Poenitentia

요한 크리소스토무스
참회에 관한 설교

첫째 설교 시골에서 돌아와서

제1장 영적 출산의 고통

1. 우리 서로 떨어져 지내는 동안 나를 잊지는 않으셨습니까? 나는 잠시도 여러분을 잊을 수 없었습니다. 이 도시를 떠났으나 여러분에 대한 기억마저 버리지는 않았습니다. 매끈한 몸을 사랑하는 사람들은 언제 어디를 가든 그리운 사람의 모습을 기억에 간직하듯, 여러분 영혼의 아름다움을 사랑한 나는 여러분의 영적 훌륭함을 늘 내 생각에 담고 다닙니다.

2. 화가가 다양한 색을 섞어 육신의 이미지를 빚어내듯, 나도 우리 모임에 대한 여러분의 열정과 들으려는 열의와 강연자에 대한 사랑과 그 밖의 다른 모든 훌륭함을 마치 색색의 덕목처럼 섞어 여러분 영혼의 인품을 스케치했습니다. 그리고 떨어져 있는 시간 동안 이 영적 이미지를 내 생

각의 눈앞에 두고는 거기서 넉넉한 위로를 받았습니다.

3. 집에 머물 때나 떠나 있을 때나, 산책할 때나 쉴 때나, 어디를 가든 나는 마음속으로 끊임없이 여러분의 사랑을 곰곰이 생각하며 그 꿈을 꾸었습니다. 낮에도 밤에도 나는 이 꿈들에서 즐거움을 얻었습니다. "나는 잠들었지만 내 마음은 깨어 있었지요"(아가 5,2)라는 솔로몬의 말이 그때 나에게 일어나고 있었습니다. 쏟아지는 잠이 눈꺼풀을 짓눌렀지만 여러분 사랑의 큰 힘이 내 영혼의 눈에서 잠을 쫓아냈습니다. 그리고 나는 꿈속에서 여러분과 이야기 나누고 있다고 줄곧 생각했습니다.

4. 영혼은 낮에 생각하던 모든 것을 밤에 꿈에서 보게 마련이지요. 그때 내가 이런 일을 겪었습니다. 비록 육신의 눈으로는 여러분을 볼 수 없었지만, 사랑의 눈으로 여러분을 보았습니다. 몸은 멀리 있으나 마음은 여러분 가까이 있었고, 내 귀는 언제나 여러분의 명랑한 목소리를 들었습니다. 이렇다 보니, 내 육신의 병은 거기 더 머물면서 신선한 공기를 마시고 건강을 얻으라고 붙잡았으나, 사랑의 힘이 이를 허락지 않고 크게 외치고 끈질기게 졸라 대며 일찍 돌아가 여러분과 함께 있는 것을 건강이요 기쁨이며 온갖 좋은 것

으로 여기라고 재촉했습니다.

5. 나는 이 사랑에 굴복했고, 아직 자잘한 병들이 남아 있지만 육신의 병들을 완전히 몰아내느라 여러분 사랑에 더 크게 애태우느니 차라리 돌아오기로 했습니다. 네, 거기 머무는 일로 나는 여러분의 불평을 들었고 편지들도 꾸준히 받았습니다. 당연히 나는 칭찬하는 말들보다는 비난하는 말들에 훨씬 더 마음이 갔습니다. 이러한 불만은 사랑할 줄 아는 영혼들에게서 나온 것이기 때문입니다. 이런 생각들로 나는 벌떡 일어나 급히 돌아왔습니다. 그 불만들 덕분에 나는 여러분을 생각에서 지울 수가 없었습니다.

6. 내가 시골에서 조용히 지내며 여러분에 대한 사랑을 기억한 것은, 감옥에 갇혀 수많은 위험이 닥쳐오는 것을 보면서도 마치 풀밭에 있는 양 살아간 바오로 사도를 생각하면 얼마나 하찮은지요. 그는 형제들을 어찌나 생각했던지 서간에 이렇게 적고 있습니다. "내가 여러분 모두를 이렇게 생각하는 것이 나로서는 당연합니다. 여러분이 내 마음속에 자리 잡고 있기 때문입니다. 내가 갇혀 있을 때나, 복음을 수호하고 확증할 때나 여러분은 모두 나와 함께 은총에 동참한 사람들입니다"(필리 1,7).

7. 바오로의 밖에는 적의 사슬이 있고, 안에는 제자들에 대한 사랑의 사슬이 있었습니다. 바깥 사슬은 철로 만들어졌지만, 안의 사슬은 사랑으로 만들어졌습니다. 그는 바깥 사슬은 여러 번 벗어던졌지만, 안의 사슬에서는 한 번도 도망치지 않았습니다. 세상 어디서든 출산의 고통을 견디고 어머니가 된 여인들은 자기가 낳은 자녀들에게 끝없이 매여 있듯이, 바오로는 어머니들보다도 훨씬 더 늘 자기 제자들을 마음에 꼭 품고 있었습니다. 그 사랑이 얼마나 대단한지 영적 자녀들이 육체의 자녀들보다 더 사랑받을 정도입니다.

8. 그들을 낳은 그는 큰 고통을 느꼈고, 똑같은 진통을 한 번도 아니고 두 번이나 겪으며 "나의 자녀 여러분, 나는 다시 산고를 겪고 있습니다"(갈라 4,19)라고 외쳤습니다. 어떤 여인도 이런 고통을 겪거나 똑같은 산고를 다시 견딜 수 없을 터인데, 바오로는 이를 받아들였습니다. 자연에서는 볼 수 없는 일입니다. 여인이 자기가 낳은 자식들을 다시 자기 속에 넣고, 그 자녀들을 낳느라 다시 한번 극심한 산고를 견디는 셈입니다. 바오로는 그들의 마음을 움직이려고 "나는 다시 산고를 겪고 있습니다" 하고 말했습니다. 마치, 나를

딱하게 여겨 주십시오, 하고 말하는 듯합니다. 어떤 자식도 어미의 태중을 두 번 혹사시키지는 않는 법인데, 여러분이 나에게 바로 그 일을 겪게 하고 있다고 말입니다.

9. 육신의 고통은 이윽고 아기가 모태 밖으로 나오면 어느 순간 멈추고 사라지지만, 영적 고통은 그렇지 않습니다. 몇 달이고 줄곧 남아 있습니다. 바오로는 일 년 내내 여러 번 진통을 겪었지만, 품었던 이들을 낳지 못했습니다. 육체적 출산의 고통은 육이 아픈 것입니다. 그러나 영적 출산의 고통은 자궁을 아프게 하는 것이 아니라, 영혼의 힘 자체를 갈기갈기 찢어 놓습니다.

10. 이 산고가 훨씬 더 아프다는 것을 이제 아셨을 테니, 하나 물어 보지요. 자신이 낳은 자녀들을 위해, 몸소 지옥의 고통을 겪게 해 달라고 기도한 사람이 누구 하나 있었습니까? 그런데 바오로는 지옥의 고통을 택했을 뿐 아니라, 자신이 늘 계속해서 산고를 겪고 있는 유대인들을 그리스도의 자녀로 만들기 위해 자신이 그분에게서 떨어져 나가게 해 달라고 기도했습니다. 그러나 그렇게 되지 않자 그는 고통스러워하며 이렇게 말했습니다. "커다란 슬픔과 끊임없는 아픔이 내 마음속에 자리 잡고 있습니다"(로마 9,2). 그리고

이렇게도 말합니다. "나의 자녀 여러분, 그리스도께서 여러분 안에 모습을 갖추실 때까지 나는 다시 산고를 겪고 있습니다"(갈라 4,19).

11. 이 태에게 자기 안에 그리스도를 모실 수 있는 그런 자녀들을 낳는 것보다 더 큰 축복이 있겠습니까? 온 세상을 새롭게 낳는 이 태보다 더 비옥한 것이 있을 수 있습니까? 태어나 자란 이들이 낙태되듯 떨어질 때 다시 한번 이들을 안으로 집어넣어 위에서부터 완전하게 빚을 수 있는 이 태보다 더 강력한 것이 어디 있겠습니까? 이것은 자연의 출산에서는 불가능한 일입니다.

12. 왜 바오로는 "내가 다시 산고를 겪고 있는" 대신 '내가 다시 낳는 나의 자녀 여러분'이라고 말하지 않았을까요? 실제로 다른 곳에서는 자신이 낳았다고 말하기도 합니다. "그리스도 안에서 내가 여러분의 아버지가 되었습니다"(1코린 4,15)라고 하지요. 그 이유는 이 대목(1코린 4,15 참조)에서는 가족 관계를 드러내고 싶었을 뿐이지만, 여기(갈라 4,19 참조)에서는 노고를 묘사하고자 하기 때문입니다. 어째서 그는 아직 태어나지도 않은 이들을 자녀라고 불렀을까요? 산고를 겪고 있기는 하나, 아직 낳지는 않았는데 말입니다. 왜

그들을 자녀라고 불렀을까요? 출산의 고통을 겪는 것이 이번이 처음이 아님을 알려 주기 위해서입니다. 이건 그들을 감동시키기에 충분한 일이지요. 그는 이렇게 말했습니다. '나는 한때 아버지가 되었고, 여러분을 낳기 위해 내가 겪어야 하는 고통을 참고 견디며 받아들였으며, 여러분은 단 한 번에 나의 자녀가 되었습니다. 그런데 어떻게 여러분은 나에게 출산의 고통을 또 한 번 겪게 합니까? 여러분을 자녀로 삼기 위한 나의 고통은 한 번으로 족했습니다. 어찌하여 여러분은 또다시 나에게 아픈 고통을 안겨 줍니까?' 신자들의 잘못은 믿지 않는 이들의 잘못보다 훨씬 더 큰 고통을 바오로에게 안겨 주었습니다. 그는 신자들이 그토록 큰 신비와 친교를 이루어 놓고 다시 불경에 빠지는 꼴을 차마 볼 수 없었습니다.

13. 그래서 그는 "나의 자녀 여러분, 그리스도께서 여러분 안에 모습을 갖추실 때까지 나는 다시 산고를 겪고 있습니다"라고 말하며 어떤 여인보다도 더 슬프고 격렬하게, 비통하게 울었습니다. 이 말은 격려하는 동시에 두려움을 심어 주려는 말입니다. 한편으로는 그리스도께서 그들 안에 아직 모습을 갖추시지 못했음을 보여 줌으로써 그들 안에

괴로움과 고통과 두려움을 일깨우고, 다른 한편으로는 그분께서 모습을 갖추실 수 있음을 보여 줌으로써 다시 한번 용기를 북돋아 줍니다. "그리스도께서 여러분 안에 모습을 갖추실 때까지"라는 말로 그는 이 두 가지, 곧 그분께서 아직 모습을 갖추시지 못했다는 사실과 그분께서는 다시 그렇게 하실 수 있다는 사실을 모두 드러내고 있습니다. 그것이 불가능하다면 그가 "그리스도께서 여러분 안에 모습을 갖추실 때까지"라고 말한 것은 아무 소용 없으며, 그들 안에 헛된 희망만 심어 준 셈이 되었을 것입니다.

제2장 낙담과 나태

14. 이런 것들을 알고, 우리는 희망을 잃지도, 게을러지지도 맙시다. 이런 일들은 모두 끔찍하기 때문입니다. 낙담은 넘어진 이가 다시 일어나지 못하게 하며, 나태는 올곧은 이를 넘어뜨립니다. 나태는 우리가 일구어 놓은 선을 계속 앗아 가며, 닥쳐올 악을 피하지 못하게 합니다. 나태는 우리를 하늘에서도 떨어뜨리고, 낙담은 우리를 악의 깊은 심연까지 처박습니다. 사실 우리가 낙담하지 않는다면 거기서도 금세 돌아올 수 있습니다.

15. 이 둘 모두 얼마나 큰 힘을 갖고 있는지 보십시오. 처음에 악마는 선했으나, 나태와 낙담으로 악에 떨어져 다시는 회복하지 못했습니다. 악마가 본디 선했음을 알려 주는 성경 구절을 들어 보십시오. "나는 사탄이 번개처럼 하늘에서 떨어지는 것을 보았다"(루카 10,18). 번개에 빗댄 것은 사탄이 몰락하기 전에는 그의 생활 방식이 빛났으며 그가 얼마나 갑작스럽게 떨어졌는지를 보여 줍니다. 바오로는 한때 그분을 모독하고 박해하고 학대하던 자였습니다. 그러나 성실해지고 낙담에 빠지지 않게 되자, 일어나 천사들에 버금가게 되었습니다. 유다는 사도였으나 게으름 때문에 배신자가 되었습니다. 게다가 그 많은 악을 저지른 강도는 어느 누구보다도 먼저 낙원에 들어갔습니다. 낙담하지 않았기 때문입니다. 바리사이는 뻔뻔함 때문에 덕의 꼭대기에서 고꾸라졌습니다. 낙담하지 않았던 세리는 그 높은 곳까지 올라가서 바리사이를 넘어섰습니다.

16. 한 도시 전체가 이를 실현했던 경우를 보여 드릴까요? 니네베 성읍 전체가 이렇게 구원받았습니다. 하느님의 결정은 니네베 사람들을 낙담으로 몰고 가고 있었습니다. 하느님께서는 "그들이 참회하면 구원될 것이다"라고 말씀

하신 것이 아니라, "이제 사흘[1]이 지나면 니네베는 무너진다!"(요나 3,4 참조) 하고 잘라 말씀하셨기 때문이지요. 그러나 하느님께서 겁을 주시고 예언자가 외치고 있으며 그 결정에는 전혀 유예나 조건이 없었음에도, 그들은 용기를 잃지 않고 희망을 저버리지 않았습니다. 이런 까닭에 그분은 조건을 두지 않으셨고, '그들이 참회하면 구원받을 것이다'라고 말씀하지도 않으셨습니다. 그러니 우리는 하느님의 단호한 결정을 들을 때에는 낙담하지도 포기하지도 말고, 니네베 사람들을 본보기로 바라보아야 합니다. 그러나 인간을 향한 하느님의 사랑은 이 사실, 곧 그분께서 당신 결정에 제약을 두지 않으셨고 그들이 참회하자 구원하셨다는 것에서만 드러나는 것이 아니라, 그분께서 그들의 태도에 따라 그에 걸맞은 결정을 내리셨다는 점에서도 드러납니다. 그분은 그들의 경외심을 드높이고 그들의 심각한 무관심을 나무라고자 하셨습니다.

17. 그토록 많은 죄를 없앨 수 있었던 사흘은 무엇을 이루었습니까? 여기서도 그 성읍의 구원에 대한 하느님의 관심이 드러나는 것을 아시겠습니까? 이런 것을 알게 되었으니 결코 희망을 잃지 맙시다. 악마에게는 낙담보다 더 큰 무

기가 없기 때문입니다. 우리가 낙담할 때, 악마는 우리가 죄를 지을 때만큼이나 큰 즐거움을 느낍니다.

18. 불륜을 저지른 사람을 살펴봅시다. 바오로가 죄보다 낙담을 얼마나 더 두려워하는지 들어 보십시오. 그는 코린토 신자들에게 이렇게 편지를 썼습니다. "사실은 여러분 가운데에서 불륜이 저질러진다는 소문이 들립니다. 이교인들에게서도 볼 수 없는 그런 불륜입니다"(1코린 5,1). 그는 '이교인들도 감히 하지 않는'이라고 하지 않고 "이교인들에게서도 볼 수 없는"이라고 했습니다. 이교인들에게서 소문으로도 견딜 수 없는 짓을 여러분은 감히 행동으로 저질렀습니다. "그런데도 여러분은 여전히 우쭐거립니까?"(1코린 5,2). 그는 '그자는 여전히 우쭐거립니다'라고 하지 않고, 죄지은 사람은 가만두고 건강한 이들에게 말합니다. 의사들이 환자들은 놔두고, 그의 가족들에게 훨씬 더 대놓고 이야기하는 것과 마찬가지입니다. 건강한 코린토 신자들도 그자의 모든 어리석음에 책임이 있기 때문입니다. 그자를 나무라지도 꾸짖지도 않은 잘못입니다. 그래서 바오로는 상처가 더 쉽게 치료될 수 있도록 이런 비난을 전한 것입니다.

19. 죄를 짓는 것은 무서운 일입니다. 그러나 죄에 관하여

지나치게 우쭐해하는 것은 훨씬 더 뼈저린 일입니다. 여러분이 의로움을 자랑하면, 의로움을 잃어버리게 됩니다. 죄에 관련해서 그렇게 한다면 더욱 그러합니다. 이는 우리를 최악의 파멸로 몰고 갑니다. 그런 태도는 이러한 죄들보다 더 비난받을 일입니다. 그래서 그리스도께서는 "너희는 분부를 받은 대로 다 하고 나서, '저희는 쓸모없는 종입니다' 하고 말하여라"(루카 17,10)라고 말씀하셨습니다. 해야 할 일을 다 한 이들도 겸손해야 하지만, 죄인들은 슬퍼 울며 스스로를 가장 형편없는 이들로 여겨야 합니다. 바오로가 "여러분은 오히려 슬퍼해야 하지 않겠습니까?"(1코린 5,2) 하고 말하면서 이를 알려 주고 있습니다. 여러분은 뭐라고 말합니까? 다른 사람이 죄를 지었는데 내가 왜 슬퍼해야 하냐고요? 바오로는 대답합니다. '그렇습니다. 몸이 여러 지체와 결합되어 있듯이 우리는 모두 서로 결합되어 있기 때문입니다. 우리 몸에서 발이 다치면 머리가 고개를 숙입니다. 사실 머리보다 더 존경받는 것이 있습니까? 그렇지만 발은 불행이 닥치는 동안 머리의 귀함을 모릅니다. 여러분도 마찬가지입니다.'

20. 그래서 바오로는 이렇게 권고합니다. "기뻐하는 이들

과 함께 기뻐하고 우는 이들과 함께 우십시오"(로마 12,15). 이런 까닭에 그는 코린토 신자들에게 말합니다. "여러분은 오히려 슬퍼하며, 그러한 일을 저지른 자를 여러분 가운데에서 제거해야 하지 않겠습니까?"(1코린 5,2). 바오로는 '여러분은 충분히 열성적이지 않았다'고 말하지 않습니다. 그럼 뭐라고 말합니까? "여러분은 오히려 슬퍼해야" 한다고 합니다. 마치 흔한 병이나 전염병이 성읍을 덮친 듯 말입니다. 그의 말은, 질병을 성읍 전체에서 몰아내려면 기도와 고백과 청원이 필요하다는 뜻입니다. 그가 그들에게 얼마나 많은 두려움을 심어 주는지 알겠습니까? 그들은 잘못을 저지른 자에게만 위험이 미친다고 생각했기 때문에, 바오로는 그들을 괴롭히며 그들에게도 마찬가지로 말합니다. "적은 누룩이 온 반죽을 부풀린다는 것을 모릅니까?"(1코린 5,6). 그 말인즉, 악이 계속되면 나머지 구성원들도 사로잡으리라는 뜻입니다. 그러니 여러분은 악이 모두 앞에 똑같이 있다고 여기며 마음을 다잡고 염려해야 합니다.

21. 그자만 죄를 지었다고 말하지 말고, 위험은 온몸으로 퍼져 나가는 썩은 상처와도 같다는 사실을 유념하십시오. 집이 불탈 때, 재앙의 한가운데 있는 이들 못지않게, 아직

악이 미치지 않은 이들도 불이 무섭게 빠른 속도로 자기 집 문 앞에 이르지 못하도록 서둘러 온갖 노력을 다하듯이, 마찬가지로 바오로도 이런 이미지로 그들을 재촉합니다. '그것은 큰불과도 같으니, 재앙을 막읍시다. 큰불이 교회를 집어삼키기 전에 끕시다. 다른 몸에서 저질러진다고 죄에 무관심한 것은 매우 나쁩니다. 죄를 짓는 자는 같은 몸의 한 지체이기 때문입니다.'

제3장 유다와 베드로

22. 명심하십시오. 여러분이 나태하고 무관심하면 언젠가는 죄가 여러분을 사로잡을 것입니다. 그러니 여러분 형제가 아니라 최소한 여러분 자신에게라도 관심을 보이십시오. 병을 물리치고, 부패를 막으며, 암의 염증이 퍼져 나가는 것을 막으십시오. 바오로도 이런 것들을 이야기했고, 나보다 훨씬 더 많이 말했습니다. 코린토 신자들에게 그들 가운데 불륜을 저지른 자를 사탄에게 넘겨주라고 명령했던 바오로는 나중에는 '죄인이 바뀌어' 나아졌다고 말했습니다. "그 사람은 여러분 대다수에게서 충분한 벌을 받았습니다. 그러니 여러분이 그를 사랑하고 있음을 그에게 확인시

켜 주십시오"(2코린 2,6.8). 바오로가 그자를 공공의 적, 모든 이의 원수로 만들어 무리에서 쫓아내고 몸에서 잘라 내고서는, 그자를 다시 꽁꽁 묶어 교회에 재결합시키기 위해서 얼마나 큰 관심을 기울이는지 잘 보십시오. 그는 '그저 그를 사랑하십시오'라고 말하는 것이 아니라 "그를 사랑하고 있음을 그에게 확인시켜 주십시오"라고 말하고 있기 때문입니다. 여러분의 우정이 확실하고, 흔들림 없으며, 뜨겁고, 열렬하며, 열정적임을 드러내십시오. 예전의 미움만큼 강렬하게 여러분의 사랑을 보여 주십시오. '어떻게 된 일입니까? 말해 보십시오. 당신은 그자를 사탄에게 넘겨주지 않았습니까?' 바오로가 말합니다. '그렇습니다. 그러나 그자가 사탄의 손아귀에 잡혀 있게 하려는 것이 아니라 그의 포악한 지배에서 빨리 벗어나게 하려는 것이었습니다.' 바오로가 낙담을 얼마나 큰 악마의 무기로 두려워하고 있는지 잘 들어 보십시오. 그는 "여러분이 그를 사랑하고 있음을 그에게 확인시켜 주십시오"라고 한 뒤에 이렇게 덧붙입니다. "그렇지 않으면 그 사람이 지나친 슬픔에 빠지고 맙니다"(2코린 2,7).

23. 바오로는 양이 늑대의 입안에 있다고 말합니다. 그러니 서두릅시다. 늑대가 우리 구성원 한 사람을 집어삼켜 완

전히 파멸시키기 전에 양을 낚아채 옵시다. 배가 큰 폭풍우 가운데 있습니다. 난파되기 전에 구할 수 있도록 온 힘을 다합시다. 큰 바다가 불어나 사방 파도가 높아지면 배는 가라앉습니다. 마찬가지로 영혼도 나약함에 휩싸일 때 도움의 손길이 없으면 금세 질식합니다. 죄에 구원을 가져다줄 수 있는 슬픔도, 지나치면 파괴적으로 변합니다. 바오로가 얼마나 적확하게 말하고 있는지 보십시오. 그는 '악마가 그를 파멸시키지 못하도록' 하라고 하지 않고 "우리가 사탄에게 속아 넘어가지 않도록"(2코린 2,11) 하라고 말합니다. 뜬금없는 것들을 바라는 것은 탐욕입니다. 불륜을 저지른 자가 다른 자들에게서 떨어져 나와, 참회를 통해 그리스도의 양 떼의 친척으로 자리 잡았음을 보여 주기 위해, 바오로는 "우리가 사탄에게 속아 넘어가지 않도록"이라고 말합니다. 악마가 코린토의 그리스도인을 제압한다면, 그는 우리 구성원 가운데 하나를 붙잡은 것입니다. 양 떼에서 양 한 마리를 낚아채는 것입니다. 참회를 통해 이 구성원은 죄를 벗어 버렸습니다.

24. 바오로는 악마가 유다에게 무슨 짓을 했는지 알았기에 여기서도 똑같은 일이 일어날까 걱정했습니다. 악마는

유다에게 어떻게 했습니까? "죄 없는 분을 팔아넘겨 죽게 만들었으니 나는 죄를 지었소"(마태 27,4)라고 말한 것을 보면, 유다는 뉘우쳤습니다. 악마가 이 말을 들었습니다. 그는 유다가 개선의 길로 접어들어 구원으로 나아가고 있다는 것을 알고는 이 변화를 걱정했습니다. 악마가 말하기를, 유다에게는 인류를 사랑하시는 스승이 있었습니다. 예수님을 배반하려 했을 때, 유다는 그분을 위해 눈물을 흘리고 무수히 그분을 불렀습니다. 유다의 잘못을 바로잡기 전에 그리스도께서 그를 더 아껴 부르셨습니다. 유다가 자기 죄를 알고 바로잡은 다음에는 그분께서 그를 당신 가까이로 끌어당기지 않으셨겠습니까? 그리스도께서는 바로 이런 목적으로 오셔서 십자가 죽음을 당하셨습니다. 그런데 악마는 어떻게 했습니까? 그는 유다를 괴롭혔습니다. 과도한 나약함으로 그를 어둡게 했습니다. 그를 박해했습니다. 목을 매는 올가미에 이르기까지 그를 쫓아다녔습니다. 이 삶에서 그를 낚아채고, 그에게서 참회의 의향을 빼앗았습니다. 유다가 살았더라면 그도 구원받을 수 있었다는 것이 그리스도를 못 박은 이들을 통해 드러납니다. 그분께서 당신을 십자가에 매단 이들도 구원하신다면, 그분께서 이 십자가 위에

참회에 관한 설교

서 아버지를 부르며 저들이 감히 저지르는 이 짓을 용서해 주시기를 간청하신다면, 배신자가 적절한 방식으로 참회를 드러내기만 하면 그분께서 당신의 선의로 그를 받아 주시리라는 것은 훨씬 더 명백하기 때문입니다. 그러나 지나친 슬픔이 그를 삼키는 바람에 그는 참회의 명약에 진득하게 머물 수 없었습니다. 바오로는 이를 염려하여 코린토 신자들에게 그자를 악마의 입속에서 빼내라고 촉구했습니다.

25. 왜 내가 코린토 신자들에게 일어난 온갖 일에 관하여 이야기하겠습니까? 베드로는 신비를 전해 받은 뒤에도 그리스도를 세 번이나 부인했지만 눈물을 흘림으로써 모두 지웠습니다. 바오로는 박해하고 모독하고 학대하던 자였습니다. 십자가에 못 박히신 분만이 아니라 그분의 모든 제자까지 박해했습니다. 그러나 그는 참회하여 사도가 되었습니다. 하느님께서 우리에게 바라시는 것은 한 번의 작은 간청뿐입니다. 그러면 우리의 많은 죄를 용서해 주십니다. 여러분이 이를 확신할 수 있는 비유를 하나 말씀드리겠습니다.

제4장 탕자의 비유

26. 두 형제가 있었습니다. 아버지의 유산을 나눈 다음 한

사람은 집에 남고, 다른 한 사람은 자기가 받은 모든 것을 탕진하고는 가난의 수치를 견디지 못해 먼 곳으로 떠났습니다(루카 15,11-32 참조). 우리가 신경을 쓴다면 세례 이후에도 죄를 용서받을 수 있음을 깨닫게 하려고 이 비유를 처음에 말씀드리고 싶었습니다. 이런 말씀을 드리는 까닭은, 여러분을 게으른 상태에 빠지게 하려는 것이 아니라 낙담에서 멀어지게 하려는 것입니다. 낙담은 우리에게 게으름보다도 더 큰 악을 낳기 때문입니다. 그래서 이 아들은 세례 받은 뒤에 타락하는 이들의 이미지를 지닙니다. 그가 세례 이후 타락하는 이들을 상징한다는 것은 이 비유에서 명백합니다. 그는 '아들'이라고 불리고 있는데, 누구도 세례 없이 아들로 불릴 수 없습니다. 더군다나 그는 아버지의 집에 살고 있었고, 아버지의 재산에서 자기 몫을 받았습니다. 세례 이전에는 누구도 아버지의 것을 받을 권리가 없고 유산도 받을 수 없는 만큼, 이 모든 사건은 신자들의 지위가 어떠한 것인지를 이야기해 줍니다. 그는 명망 있는 이의 형제였습니다. 영적으로 새로 나지 않고서는 형제가 될 수 없었을 것입니다. 가장 끔찍한 악에 떨어진 사람은 뭐라고 말합니까? "일어나 아버지께 돌아가야지"(루카 15,18 참조). 그가 먼 고장

참회에 관한 설교

으로 떠나는 것을 아버지가 막지 않았던 것은 바로 이런 이유에서였습니다. 집에 머무는 동안 얼마나 큰 은혜를 누렸는지 경험을 통해 잘 배우도록 그랬던 것입니다.

27. 말씀을 통해 설득하지 않으실 때, 하느님께서는 우리가 온갖 일을 겪으며 배울 수 있도록 여러 번 허락하십니다. 유대인들에게도 그렇게 말씀하셨습니다. 예언자들을 통해 무수한 말씀을 쏟으셨을 때 그분은 유대인들을 설득하지도 포용하지도 않으셨습니다. 그들이 벌을 통해 배울 수 있도록 하시며, "네 악행이 너를 벌하고 네 배반이 너를 징계할 것이다"(예레 2,19)라고 말씀하십니다. 하느님 말씀이 실현되기 전에도 그분은 신뢰할 수 있는 분임을 그들은 깨달아야 하기 때문입니다. 그러나 그들의 무관심이 너무나 커서 하느님의 권고와 충고를 불신하고 불순종하기에 이르자, 하느님께서는 악행이 그들을 지배할 수 없도록 막으시고자 그들이 경험을 통해 배움으로써 다시 한번 당신께 되돌아오게 하셨습니다.

28. 탕자는 먼 고장으로 떠나 경험을 통해, 아버지의 집에서 쫓겨나는 것이 얼마나 큰 악인지 배웠기에 돌아왔고, 그아버지는 자식이 저지른 잘못들을 기억하지 않고 두 팔 벌

려 그를 받아들였습니다. 왜 그랬습니까? 그는 아버지이지 재판관이 아니었기 때문입니다. 그래서 춤판이 벌어지고 호화로운 잔치와 축제가 열렸습니다. 온 집 안이 기쁨과 큰 즐거움으로 밝게 빛났습니다. 여러분은 뭐라고 말합니까? 이것이 악행에 대한 상급이냐고요? 아니, 이것은 악행이 아니라 돌아옴에 대한 상급입니다. 죄가 아니라 참회에 대한 상급입니다. 교활함이 아니라 더 좋게 변화한 데 대한 상급입니다.

29. 가장 중요한 것은, 큰아들이 이 모든 일에 화가 났다는 것입니다. 그러나 아버지는 부드럽게 그를 설득합니다. "애야, 너는 늘 나와 함께 있고 내 것이 다 네 것이다. 너의 저 아우는 죽었다가 다시 살아났고 내가 잃었다가 되찾았다"(루카 15,32). 잃어버린 아들을 찾을 적절한 때가 오면, 그때는 법정이나 엄밀한 조사의 시간이 아니라 오로지 사랑과 용서를 위한 시간이라는 것이 아버지의 말입니다.

30. 고통받는 사람이 있을 때, 그의 장애를 바로잡고 엄밀한 응보를 요구한답시고 약을 처방하기를 주저할 의사는 아무도 없습니다. 탕자를 벌주는 것이 전적으로 적절하다고 해도, 그는 낯선 땅에서 살아감으로써 충분히 벌을 받았

습니다. 어쨌거나 그는 오랫동안 친지들에게서 떨어져 있었고, 굶주림과 수치와 더할 수 없는 불운과 끝까지 싸웠습니다. 그래서 그리스도께서 "그는 죽었다가 다시 살아났고 내가 잃었다가 도로 찾았다"고 말씀하신 것입니다. 그리스도의 말씀은, 현재의 것들을 보지 말고 과거에 겪은 엄청난 비참을 보아라, 너는 낯선 이가 아니라 형제를 바라보고 있다,라는 뜻입니다. 잃어버린 아들이 아버지에게 돌아왔고, 아버지는 이미 지난 일들은 생각나지 않았습니다. 아니, 자식을 낳은 사람들에게 어울리는 공감과 자비, 애정과 연민을 느끼게 하는 것들만 수없이 생각날 뿐이었습니다. 이런 까닭에, 아버지는 잃어버린 아들이 저지른 짓에 관하여 전혀 이야기하지 않고 그가 겪은 고통만 말할 뿐이었습니다. 아버지는 아들이 자기 유산을 송두리째 탕진한 것을 생각하지 않고, 그가 수많은 불운에 떨어졌던 것만 생각했습니다. 이렇게 그분께서는 헤아릴 수 없는 열정으로 양들을 찾아다녔습니다. 이 비유에서 잃어버린 아들은 돌아왔지만, 목자에게는 찾아야 할 잃어버린 양들이 남아 있기 때문입니다. 그는 찾은 양을 짊어지고 데리고 돌아왔고, 위험을 겪지 않은 다른 양들보다 이 양은 그에게 훨씬 더 큰 기쁨을 주었습니다. 그가 양을 어떻게 데리고 오는지 눈여겨보십시오. 그는 양을 때리기는커녕 번쩍 들어 올려 자기 어깨에 메고 와서 양 우리에 다시 넣었습니다. 우리는 알고 있습니다. 그리스도께서는 당신에게 돌아온 이들을 외면하지 않으시며, 이들을 이미 바로잡힌 이들 못지않게 기쁘게 받아들이신다는 것, 그들을 심판하지 않으실 뿐 아니라 길 잃은 이들을 찾아다니시며 다른 양들이 안전한 것보다 그들을 찾은 것을 더 기뻐하신다는 것을 말입니다. 이런 것들을 알았으니, 우리는 악에 빠져 있을 때에도 희망을 잃지 말고 선하게 있을 때에도 뻔뻔하지 않도록 합시다. 오히려 우리가 올곧을 때에도 염려를 해야 합니다. 용기를 잃지 말고, 혹시라도 죄지을 때 뉘우칠 수 있도록 말입니다.

31. 처음에 드린 말씀을 다시 드리겠습니다. 우리로 하여금 우리 구원을 저버리게 하는 두 가지가 있으니, 우리 자신의 선함에 만용을 부리는 것과 사악함에 우리의 희망을 잃어버리는 것입니다. 이런 까닭에 바오로는 아직 선한 이들을 보호하기 위해 이렇게 말했습니다. "그러므로 서 있다고 생각하는 이는 넘어지지 않도록 조심하십시오"(1코린 10,12). 그리고 이렇게 말합니다. "다른 이들에게 복음을 선포하고

나서, 나 자신이 실격자가 되지 않으려는 것입니다"(1코린 9,27). 사악함에 떨어진 이들을 일으켜 세우고 그들이 더욱 준비될 수 있도록 재촉하기 위해서, 그는 코린토 신자들에게 증언하며 이렇게 씁니다. "전에 죄를 짓고도 … 회개하지 않는 많은 사람 때문에 내가 슬피 울게 되지나 않을까 하는 것입니다"(2코린 12,21). 이렇게 하여 그는 죄인들은 회개하지 않은 자들만큼 딱하지는 않다는 것을 드러냈습니다. 예언자는 그들에게 말했습니다. "사람들은 쓰러지면 다시 일어서지 않느냐? 누구나 빗나가면 다시 돌아오지 않느냐?"(예레 8,4). 이런 까닭에 다윗도 같은 이들에게 손짓하며 이렇게 말합니다. "오늘 너희가 그분의 소리에 귀를 기울인다면! 너희는 마음을 완고하게 하지 마라, 므리바에서처럼"(시편 95,7-8). '오늘'이라고 말했으니, 우리는 절망하지 말고 스승에 대한 희망을 지니며 드넓은 바다 같은 그분의 박애를 깨달읍시다. 모든 악한 생각을 멀리 쫓읍시다. 언제든 준비된 마음과 희망을 지니고, 덕행을 이어 가고 가장 큰 참회를 드러내어, 여기서 우리의 온갖 죄에서 벗어남으로써 그리스도의 법정에 용감하게 서서 하늘나라에 합당한 사람이 됩시다. 우리 주 예수 그리스도의 은총과 인간에 대한 사랑에 힘입어, 우리 모두 그곳에 있게 되기를 빕니다. 성부와 성령과 함께 그리스도께 영광과 권능과 찬미가 이제와 영원히 세세대대로 있나이다. 아멘.

제1장 참회의 첫째 길 ─ 죄를 고백하기

1. 지난 주일에 여러분은 전쟁과 승리, 그러니까 악마의 전쟁과 그리스도의 승리를 보셨습니까? 참회가 얼마나 크게 칭송받고 있는지 아셨습니까? 사탄이 상처를 참지 못하고 두려워하고 겁에 질린 것을 보셨습니까? 악마야, 참회가 칭송받는데 너는 무엇을 두려워하느냐? 너는 왜 울부짖고 있느냐? 왜 두려워 떨고 있느냐? 악마는 말합니다. '이 참회가 내게서 큰 기물들을 낚아채 갔소.' 악마는 어떤 기물들을 붙잡고 있었습니까? 창녀와 세리와 강도와 하느님을 모독하던 자였습니다. 참으로 참회는 악마의 많은 기물들을 잡아서 그의 요새 자체를 무력화하였고, 악마는 참회로 말미암아 치명상을 입었습니다. 사랑하는 여러분, 경험이 알려주었으니 여러분은 이를 깨닫게 될 것입니다. 그러니 이 말

들에서 즐거움을 찾고 참회하러 날마다 교회에 가지 않으렵니까? 그대가 죄인이라면 죄를 고백하기 위해 교회에 오십시오. 그대가 의인이라면 의로움에서 떨어지지 않도록 교회에 오십시오. 교회는 죄인과 의인 모두를 위한 피난처이기 때문입니다.

2. 그대는 죄인입니까? 낙담하지 말고, 참회를 앞당기기 위해 교회로 오십시오. 죄를 지었습니까? 그러면 하느님께 '저는 죄를 지었습니다'라고 말씀드리십시오. 이것이 무슨 수고입니까? 무슨 대단한 통과의례며 고통입니까? '저는 죄를 지었습니다'라고 한마디 하는 것이 뭐가 그리 어렵습니까? 그대가 스스로를 죄인이라 일컫지 않는다면, 악마라는 고소인도 없는 것 아니겠습니까? 이를 미리 내다보고 악마에게서 명예를 빼앗으십시오. 고소하는 것이 그의 목적이기 때문입니다. 그대는 왜 그를 막지 않습니까? 왜 그대의 죄를 말하고 씻어 버리지 않습니까? 잠자코 있지 못하는 고소인이 있다는 것을 알면서 말입니다. 그대, 죄를 지었습니까? 교회로 오십시오. 하느님께 '저는 죄를 지었습니다'라고 말씀드리십시오. 그렇게만 하면 됩니다. 성경에, "너 말해 보아라, 네가 옳다는 것이 밝혀지도록"(이사 43,26)이라고 적

혀 있습니다. 죄를 없애기 위해 죄를 인정하십시오. 이는 수고로움이나 둘러대는 말이나 금전적 지출 같은 것들을 전혀 요구하지 않습니다. 한마디만 하십시오. 죄를 곰곰이 생각하고 '저는 죄를 지었습니다'라고 말하십시오. '내가 먼저 내 죄를 말하면 죄가 없어진다는 것을 어떻게 알 수 있습니까?' 하고 그는 묻습니다.

3. 성경에, 죄를 고백하고 죄에서 벗어난 사람과 그렇게 하지 않아서 질투 때문에 단죄받은 사람이 나옵니다. 카인은 시기에 사로잡혀 동생 아벨을 죽였습니다.² 살인은 시기의 결과였습니다. 그는 아우를 들로 데리고 나가 죽였습니다. 하느님께서 그에게 뭐라고 물으셨습니까? "네 아우 아벨은 어디 있느냐?"(창세 4,9). 모든 것을 확실히 알고 계시는 분께서 물으셨던 것은, 모르셔서가 아니라 살인자를 참회로 이끄시기 위해서였습니다. 카인은, "모릅니다. 제가 아우를 지키는 사람입니까?"(창세 4,9) 하고 대답했습니다. 그러자 하느님께서 뭐라고 대답하셨습니까? "네 아우의 피가 땅바닥에서 나에게 울부짖고 있다"(창세 4,10). 그분은 곧바로 그를 심문하시고 벌하셨습니다. 살인 때문에라기보다는 그의 뻔뻔함 때문이었습니다. 하느님께서는 죄짓는 사람보다 수

치를 모르는 사람을 더 미워하시기 때문입니다. 하느님께서는 카인이 참회로 나아갔을 때 그를 무시하시고 받아들이지 않으셨습니다. 그가 먼저 죄를 말하지 않았기 때문입니다. 그는 뭐라고 말했습니까? "그 형벌은 제가 짊어지기에는 너무나 큽니다"(창세 4,13). 그는 '저는 큰 죄를 지었습니다'라고 말하는 대신, '저는 살아 있을 자격이 없습니다'라고 말했습니다. 하느님께서는 뭐라고 대답하셨습니까? "너는 세상을 떠돌며 헤매는 신세가 될 것이다"(창세 4,12). 그분은 그에게 끔찍하게 견딜 수 없는 벌을 마련하셨습니다. 그분은 '진실이 잊히지 않도록 나는 네 목숨을 빼앗지는 않을 것이다. 그러나 너의 불행이 철학의 모태가 될 수 있도록 너에게서 모든 이가 읽을 법을 만들 것이다'라고 말씀하셨습니다. 카인은 살아 있는 법처럼 돌아다녔습니다. 마치 움직이는 기둥처럼 말 없이도 나팔보다 더 빛나는 소리를 내며, '이런 벌을 겪지 않도록 어느 누구도 이런 일을 하지 마라'라고 합니다. 카인은 뻔뻔함에 대한 벌을 받았고, 죄가 있음에도 말을 하지 않았기에 단죄받았습니다. 그가 죄를 고백했다면 그 죄를 먼저 깨끗이 지웠을 것이기 때문입니다.

제2장 죄를 고백한 다윗

4. 이런 일들이 어떻게 일어나는지 배우기 위해, 자신의 죄를 먼저 고백한 사람의 죄가 어떻게 씻겼는지 살펴봅시다. 먼저 다윗을 봅시다. 그는 예언자이며 임금인데, 저는 예언자라고 부르기를 더 좋아합니다. 그의 왕국은 팔레스타인에 있었으나 그의 예언은 땅끝까지 가닿고, 그의 왕국은 단시간에 사라졌으나 그의 예언은 영원한 말이 되었기 때문입니다. 다윗의 말이 잊혀서 전해지지 못하는 것보다 태양이 빛을 잃는 편이 나을 것입니다. 그는 불륜과 시기에 빠졌습니다. 그가 말하기를, 그는 한 아름다운 여인이 목욕하는 것을 보고는 사랑에 빠졌고, 결국에는 자신이 바라던 대로 하고야 말았습니다(2사무 11,2 참조).

5. 이 예언자는 불륜을 저질렀고, 진흙탕 속의 진주가 되었습니다. 그러나 그는 자신이 죄를 지었다는 사실을 아직 깨닫지 못했습니다. 욕정이 그를 그 정도로 망가뜨린 것입니다. 마부가 술에 취하면 마차가 비틀비틀 가는 법이기 때문입니다. 마부와 마차의 관계는 영혼과 육신의 관계와 같습니다. 영혼이 어두워지면 육신은 진흙에 뒹굽니다. 마부가 굳건히 서 있어야 마차가 순조롭게 달립니다. 그러나 마

부가 지치고 고삐를 꽉 잡지 못하면 이 마차는 끔찍한 위험에 빠집니다. 사람에게도 똑같은 일이 일어납니다. 영혼이 맑고 깨어 있으면 이 육신은 순전하게 보존됩니다. 그러나 영혼이 어두워지면 이 육신은 진흙과 욕정에 뒹굽니다.

6. 다윗은 어떻게 했습니까? 다윗은 불륜을 저질렀습니다. 그러나 그는 이를 깨닫지도 못했고 누구에게도 질책받지 않았습니다. 이 일은 그가 가장 덕망 높던 시절에 일어났습니다. 여기서 배울 수 있듯이, 나태하면 연륜도 도움이 되지 않으며, 성실하면 젊음도 큰 해를 끼칠 수 없습니다. 행동은 나이에 달려 있는 것이 아니라 의지의 방향에 달려 있습니다. 다니엘은 열두 살이었으나 판관이었습니다. 그러나 그의 전임자들은 나이는 들었으나 불륜을 저질렀습니다. 연륜도 그들에게는 유익하지 않았고, 젊음도 이 사람에게는 해가 되지 않았습니다(다니 13,45-64 참조).

7. 예지는 나이가 아니라 의지에 달려 있음을 이제 알게 되었으니, 다윗이 덕망 높던 시절에 불륜에 빠져 살인을 저질렀다는 점을 기억하십시오. 그는 아주 한심한 상태에 빠져서 자신이 죄를 지은 것도 깨닫지 못했습니다. 그의 마음, 곧 마부가 방탕으로 취해 있었기 때문입니다.

8. 그래서 하느님께서는 어떻게 하셨습니까? 하느님께서는 나탄 예언자를 다윗에게 보내셨습니다. 한 예언자가 다른 예언자에게 갔습니다. 한 의사가 병들면 다른 의사의 도움이 필요하듯이, 이 상황도 그랬습니다. 죄지은 사람도 예언자, 약을 전하는 사람도 예언자였습니다. 나탄이 다윗에게 갔고, 문에 들어서자마자 꾸짖지는 않았습니다. 나탄은 "이 부당하고 저주받은 사람, 불륜을 저지른 살인자 같으니. 당신은 하느님께 그렇게 많은 호의를 입었으면서 그분의 계명을 어겼단 말이오?" 하고 말하지 않았습니다. 나탄은 다윗이 되레 반항적으로 나오지 않도록 이런 말은 꺼내지도 않았습니다. 죄는 까발려지면, 그 죄를 지은 이를 파렴치하게 몰아가기 때문입니다.

9. 나탄은 다윗에게 가서 극적인 심판극을 엮어 냅니다. 그가 뭐라고 했습니까? "임금님, 임금님의 심판을 바랍니다. 한 부자와 한 가난한 사람이 있었습니다. 부자는 양과 소가 매우 많았고 가난한 사람에게는 암양 한 마리가 있었는데 그의 잔을 나누어 마시고 그의 음식을 나누어 먹고 그의 품 안에서 자곤 하였습니다." 이 대목에서 나탄은 남편과 아내의 참다운 유대를 드러냈습니다. "그런데 한 길손이 찾

아오자, 부자는 자기 가축들을 지키고 싶어서 가난한 사람의 암양을 잡았습니다." 여기서 나탄이 다윗을 향한 하느님의 심판을 은밀히 숨기면서 연극을 엮어 가는 것이 보이십니까? 그러자 임금이 뭐라고 말했습니까? 다른 사람을 심판한다고 생각한 그는 아주 혹독한 판결을 내렸습니다. 사람이란 그렇습니다. 다른 사람에 관련된 일이라면 기꺼이 즉시 판단을 내리고 떠벌립니다. 다윗은 뭐라고 말했습니까? "주님께서 살아 계시는 한, 그런 짓을 한 그자는 죽어 마땅하다. 그는 그 암양을 네 곱절로 갚아야 한다"(2사무 12,5-6). 그러자 나탄이 뭐라고 대답합니까? 그는 상처가 천천히 낫게 놔두지 않았습니다. 오히려 그는 재빨리 상처를 까발려 그 속으로 칼을 깊숙이 찌릅니다. 상처가 고통의 감각을 잃지 않도록 하려는 것입니다. "임금님이 바로 그 사람입니다"(2사무 12,7). 임금은 뭐라고 말했습니까? "내가 주님께 죄를 지었소"(2사무 12,13). 임금은 '네가 뭐라고 나를 비난하느냐? 누가 그렇게 겁도 없이 말하도록 너를 보냈느냐? 어찌 감히 이토록 설치느냐?' 하고 말하지 않았습니다. 그는 전혀 그런 말을 하지 않았습니다. 오히려 다윗은 죄를 인식했습니다. 그가 뭐라고 했습니까? "내가 주님께 죄를 지었소."

그래서 나탄은 뭐라고 말합니까? "주님께서 임금님의 죄를 용서하셨습니다"(2사무 12,13). '너는 스스로를 단죄했으니 나는 너의 벌을 면해 주리라. 너는 지혜롭게 고백했다. 너는 죄를 지워 버렸다. 너는 스스로 유죄판결을 내렸다. 내가 그 선고를 폐기했다.' "너 말해 보아라, 네가 옳다는 것이 밝혀지도록"(이사 43,26)이라는 성경 말씀이 실현된 것을 보았습니까? 죄를 먼저 고백하는 사람이 되는 것이 얼마나 힘든 일인지요?

제3장 참회의 둘째 길 ─ 죄를 슬퍼하기

10. 참회에 이르는 또 다른 길이 있습니까? 있다면 무엇입니까? 죄를 슬퍼하는 길입니다. 죄를 지었습니까? 슬퍼하십시오. 그러면 죄가 지워집니다. 이것이 그렇게 힘듭니까? 저는 여러분에게 그저 죄를 슬퍼하는 것 이상을 요구하지 않습니다. 바다를 가르라거나, 먼 바다에서 항구까지 안전하게 길을 찾아가라거나, 행군하라거나, 끝도 없는 여행을 떠나라거나, 돈을 내라거나, 위험한 파도를 뚫고 안전한 길을 트라는 것이 아닙니다. 그럼 무엇입니까? 죄를 슬퍼하라는 것입니다. 슬퍼하면 죄를 되돌릴 수 있다는 것을 어떻게

알 수 있을까요? 성경에서 그 증거를 찾아봅시다.

11. 아합이라는 임금이 있었습니다. 그는 의롭다고 여겨졌지만 아내 이제벨의 영향을 받아 사악하게 다스리고 있었습니다(1열왕 21장 참조). 그는 나봇이라는 이즈르엘 사람의 포도밭을 탐내어, 사신을 보내서는 이렇게 말했습니다. "내가 마음에 들어 하는 그대의 포도밭을 나에게 넘겨주게. 그러면 돈으로 값을 셈해 주든지 다른 밭을 대신 주겠네." 나봇은 이렇게 대답했습니다. "조상들에게서 받은 상속재산을 임금님께 팔아 넘길 마음은 조금도 없습니다."

12. 아합은 그 포도밭이 참으로 탐났지만 힘으로 그를 제압하고 이 문제로 괴롭히고 싶지는 않았습니다. 그런데 아주 뻔뻔하고 집요하고 더럽고 저주받은 여인 이제벨이 아합에게 와서 말했습니다. "무슨 일로 그렇게 속이 상하시어 음식조차 들려고 하지 않으십니까? 제가 이즈르엘 사람 나봇의 포도밭을 당신께 넘겨 드리겠습니다."

13. 그런 다음 이제벨은 이 문제를 떠맡아서는 임금의 이름으로 성읍의 원로들에게 편지를 썼습니다. '단식을 선포하고 나봇을 고발하는 거짓 증인들을 세워서, 나봇이 하느님과 임금님을 비방했다고, 다시 말해, 나봇이 독성죄를 지

었다고 증언하게 하시오.'

14. 아, 온통 불법으로 가득 찬 단식 같으니! 그들은 살인을 저지르기 위해 단식을 선포했습니다. 그래서 어찌 되었습니까? 나봇은 돌에 맞아 죽었습니다. 이제벨은 그 소식을 듣고 아합에게 알렸습니다. "일어나셔서 그 포도밭을 차지하십시오. 나봇은 죽었습니다." 아합은 잠시 슬퍼하기는 했으나, 가서 포도밭을 차지했습니다.

15. 하느님은 아합에게 엘리야 예언자를 보내셨습니다. 하느님께서 말씀하셨습니다. "가서 아합에게 전하여라. '네가 살인을 하고 땅마저 차지한 것처럼, 너도 피를 쏟을 것이다. 개들이 네 피를 핥을 것이며 창녀들이 네 피로 씻을 것이다'"(1열왕 21,19 참조). 분노는 하느님에게서 왔고, 판결은 최종적이며, 심판은 완결되었습니다. 그가 어디로 보내졌는지 보십시오. 포도밭입니다. 범죄가 일어난 곳에 처벌도 있습니다.

16. 그는 뭐라고 말했습니까? 아합은 엘리야를 보고는, '내가 죄를 지었다고 추궁하러 왔군. 이제 나를 짓밟을 기회를 잡으셨네. 내 원수, 나를 찾아왔군' 하고 말하는 대신, "내 원수! 또 나를 찾아왔소?" 하고 말했습니다.

17. 엘리야는 아합이 죄를 지은 것을 알고 언제나 그를 비난했기에, 아합은 말했습니다. '그대는 늘 나를 비난했소. 이제 적절한 때가 왔으니 나를 짓밟으시오.' 자신이 죄를 지었음을 깨달았기 때문입니다. 엘리야는 그에게 판결을 읽어 주었습니다. "주님께서 말씀하십니다. '네가 살인을 하고 땅마저 차지하고 무고한 사람의 피를 쏟은 것처럼, 너도 피를 쏟을 것이다. 개들이 네 피를 핥을 것이며 창녀들이 네 피로 씻을 것이다.'"

18. 아합은 이를 듣고는 비통해하며 자기 죄를 슬퍼했습니다. 그는 자신이 저지른 불의를 깨달았고, 하느님께서는 그에게 내린 판결을 취소하셨습니다. 그러나 하느님께서는 먼저 엘리야에게 알리시어, 그가 거짓말쟁이처럼 비쳐져서 요나처럼 고통받지 않도록 하셨습니다. 요나도 비슷한 일로 고난을 겪었기 때문입니다.

19. 하느님께서는 요나에게 니네베 성읍으로 가서 선포하라고 말씀하셨습니다. 니네베는 여자와 어린아이를 빼고도 십이만 명이나 사는 곳이었습니다. "사흘[3]이 지나면 니네베는 무너질 것이다"(요나 3,4 참조). 요나는 인간을 향한 하느님의 사랑을 알았기에 가고 싶지 않았습니다. 그래서 어

떻게 했습니까? 요나는 '저는 선포하러 멀리 떠납니다. 당신은 인류를 사랑하는 분이시니 마음을 돌리실 터이고, 그러면 저는 거짓 예언자로 처벌을 받겠지'라고 말하며 급히 먼 곳으로 달아났습니다. 그러나 요나를 집어삼킨 바다는 그를 숨겨 주지 않고 오히려 마른 땅에 내뱉어 다시 니네베로 데려다 놓았습니다. 바다가 동료 종을 훌륭한 동지처럼 충실히 보호한 것입니다.

20. 성경은, "그러나 요나는 주님을 피하여 달아나려고 타르시스로 가는 배를 만나 뱃삯을 치르고 배에 올랐다"(요나 1,3)고 합니다. 요나, 그대는 어디로 가고 있었습니까? 다른 나라로 떠나고 있었습니까? 그러나 "주님 것이라네, 세상과 그 안에 가득 찬 것들"(시편 24,1). 바다는 어떻습니까? "바다도 그분 것, 그분 몸소 만드신 것"(시편 95,5 참조)임을 그대는 몰랐습니까? 하늘은 어떻습니까? "우러러 당신의 하늘을 바라봅니다, 당신 손가락의 작품들을"(시편 8,4)이라는 다윗의 말을 듣지 못했습니까? 그럼에도 두려움에 굴복한 나머지 그는 달아나는 것이 더 나아 보여 달아났습니다. 참으로 하느님에게서 도망치는 것은 불가능합니다. 그러나 바다가 그를 마른 땅에 되돌려 주었고 니네베에 도착했을

때, 그는 "이제 사흘이 지나면 니네베는 무너진다!"(요나 3,4 참조) 하고 선포했습니다. 요나가 직접 이를 드러냅니다. 하느님께서는 인류를 사랑하시는 분이시고 인간에 관해 말씀하셨던 악을 돌이키실 것이며, 이렇게 되면 자기만 거짓 예언자로 여겨질 것을 염두에 두고 멀리 도망쳤다고 여러분에게 알려 주려는 것입니다. 니네베 한복판에서 선포한 다음, 그는 어떻게 되는지 지켜보려고 그 성읍에서 나왔습니다. 사흘이 지나고, 위협받던 곳 어디서도 아무 일도 일어나지 않자, 요나는 애초에 자기가 했던 생각을 이야기합니다. "당신께서는 자비하시고 분노에 더디시며 인간의 악에 대해 쉬이 마음을 돌리시는 분이시라고 제가 이미 말씀드리지 않았습니까?"(요나 4,2 참조). 그래서 엘리야만큼은 요나와 비슷한 고통을 겪지 않도록, 하느님께서는 아합을 용서하신 이유를 엘리야에게 알려 주셨습니다. 하느님께서 엘리야에게 뭐라고 말씀하셨습니까? "너는 아합이 내 앞에서 자신을 낮춘 것을 보았느냐? 나는 그의 사악함에 맞갖게 행동하지는 않겠다"(1열왕 21,29 참조). 세상에! 스승께서 종의 변호인이 되시고, 하느님께서 한 인간을 위해 인간에게 해명을 하십니다. 그분은 말씀하십니다. '내가 아무 이유 없이 그를 용서했다고 생각지 말거라. 그는 삶의 방식을 바꾸었고, 그래서 나는 나의 분노를 돌이켜 거두어들였다. 그러니 너는 거짓 예언자로 여겨지지 않을 것이다. 너는 진실을 말했기 때문이다. 그가 성품을 바꾸지 않았더라면 그는 판결에 따라 고통을 받았을 것이다. 그러나 그는 삶의 길을 바꾸었고 나는 분노를 거두었다.' 하느님께서는 엘리야에게 이렇게도 말씀하셨습니다. '너는 아합이 슬퍼하고 침울해하며 어떻게 지냈는지 보았느냐? 나는 내 분노대로 행동하지 않을 것이다.' 슬픔이 어떻게 죄를 지우는지 아시겠습니까?

제4장 참회의 셋째 길 ― 겸손

21. 참회로 가는 세 번째 길이 있습니다. 참회로 가는 여러 길에 관해 말씀드린 것은 여러분이 이런 여러 길을 통해 구원을 쉽게 얻도록 하려는 것입니다. 세 번째 길은 무엇입니까? 겸손입니다. 마음가짐을 겸손하게 하면 죄의 사슬이 헐거워집니다.

22. 세리와 바리사이의 비유를 읽어 보면, 성경에서 그 증거를 찾을 수 있습니다(루카 18,10 이하 참조). 성경은, 바리사이와 세리가 기도하러 성전에 올라갔는데 바리사이는 자신의

덕행을 늘어놓기 시작했다고 말합니다. 그는 "저는 온 세상 사람들처럼 죄를 짓지 않고, 저 세리와도 같지 않습니다"(루카 18,11 참조)라고 말했습니다.

23. 온 세상을 단죄하다니, 아, 이 비참하고 가련한 영혼! 왜 그대는 이웃을 아프게 했습니까? 세상이 그대에게 탐탁지 않았던 모양입니다. 그대가 저 세리까지 단죄한다고 말하려던 것은 분명 아니겠지요? 이렇게 그대는 모든 이를 비방하고 단 한 사람을 위해서도 슬퍼하지 않았습니다. "저는 온 세상 다른 사람들과 같지 않고, 저 세리와도 같지 않습니다. 저는 일주일에 두 번 단식하고 모든 소득의 십일조를 가난한 이들을 위해 바칩니다"(루카 18,11-12 참조). 그는 거짓 허세를 부렸습니다. 이 가련한 사람, 그대는 온 세상을 단죄하고는 왜 그대의 이웃인 세리까지 심하게 후려쳤습니까? 세상을 헐뜯는 것으로도 모자라 그대 곁에 있는 한 사람까지 심판해야겠다고 나에게 말하고 싶은 것입니까?

24. 그래서 그 세리는 어떻게 대답했습니까? 이런 말을 다 듣고도 세리는 이렇게 말하지 않았습니다. '당신이 뭐라고 나에게 그런 말을 하는 겁니까? 내 삶에 대해서 당신이 어떻게 압니까? 당신은 나와 어울려 지내지도, 나와 함께

살지도 않았습니다. 우리는 함께 시간을 보낸 적도 없는데, 당신은 왜 그렇게 거만합니까? 그대의 선행을 누가 목격했습니까? 왜 자화자찬합니까? 왜 자신에게 빠져 있습니까?' 세리는 이런 말은 전혀 하지 않았습니다. 대신 그는 절하고 경배하며 이렇게 말했습니다. "하느님, 이 죄인을 불쌍히 여겨 주십시오."

25. 세리는 겸손해짐으로써 의롭게 되었습니다. 바리사이는 의로움을 송두리째 잃고 성전에서 내려왔지만, 세리는 의로움을 얻어 내려왔습니다. 말이 행동을 이겼습니다. 바리사이는 자신의 의로운 행동을 온전히 망가뜨렸고, 세리는 겸손한 말로 의로움을 얻었습니다. 실로, 바리사이의 말은 겸손이 아니었습니다. 겸손은 훌륭한 사람이 스스로를 낮추는 것이기 때문입니다. 세리의 말도 겸손은 아니었으나, 진실이었습니다. 그의 말은 참이었습니다. 그는 죄인이었습니다.

제5장 겸손의 본보기

26. 말해 보십시오. 세리보다 더 나쁜 사람이 있습니까? 그는 다른 이들의 불행을 먹고 사는 사람입니다. 그는 자연

의 법칙에 어긋나는 일을 하는 사람입니다. 세리는 불로소득을 얻습니다. 따라서 그의 죄는 가장 나쁜 것입니다. 세리는 분명한 착취자이며, 죄의 화신이고, 모든 탐욕의 전형입니다. 길가에 앉아 다른 사람의 노동의 열매를 주워 담고, 수고할 때에는 전혀 신경도 쓰지 않다가, 자신이 얻으려 수고하지 않은 것들에서 이익이 생기면 자기 몫을 챙기는 세리보다 더 나쁜 것이 무엇이 있습니까? 죄인인 세리도 겸손해짐으로써 그렇게 큰 은총을 합당히 받았다면, 덕을 실천하고 겸손한 마음가짐을 지닌 사람은 얼마나 더 그러하겠습니까? 그러니 여러분도 죄를 고백하고 겸손해지면 의롭게 될 것입니다.

27. 누가 참으로 겸손한지 알고 싶습니까? 참으로 겸손한 바오로를 보십시오. 바오로는 온 세상의 스승이며, 영적 설교자이고, 선택된 그릇(사도 9,15 참조)이며, 파도 없는 항구이고, 흔들리지 않는 탑이며, 작은 체구로 날개라도 달린 듯 온 세상을 돌며 한 바퀴 여행하였습니다. 무지하나 철학자이고, 가난하나 부유한 그가 스스로를 낮추는 것을 보십시오. 나는 그를 참으로 겸손한 이라고 일컫습니다. 그는 엄청난 고생을 겪었고, 악에 맞서 수천수만의 승리를 보여 주고

선포했으며, "하느님께서 나에게 베푸신 은총은 헛되지 않았습니다. 나는 그들 가운데 누구보다도 애를 많이 썼습니다"(1코린 15,10)라고 말했습니다. 옥살이와 상처와 매질을 견뎠고, 서간으로 세상을 낚았으며, 천상의 소리로 부름 받았던 그가 자신을 낮추며, "나는 사도들 가운데 가장 보잘것없는 자로서, 사도라고 불릴 자격조차 없는 몸입니다"(1코린 15,9)라고 말했습니다.

28. 그의 겸손이 얼마나 큰지 알겠습니까? 바오로가 겸손하게 스스로를 가장 보잘것없는 자라고 부르는 것을 보았습니까? 그는 "나는 사도들 가운데 가장 보잘것없는 자로서, 사도라고 불릴 자격조차 없는 몸"이라고 말합니다. 이것이야말로 겸손입니다. 모든 면에서 자신을 낮추고 자신이 가장 보잘것없다고 여기는 것입니다. 이 말을 누가 했는지 그것만 생각해 보십시오. 육신을 옷으로 입었을 뿐인 천상의 시민이며 교회의 기둥, 지상의 천사, 천상의 사람인 바오로입니다. 네, 그래서 내가 기꺼이 이 사람에 대해서 거듭 말하는 것입니다. 그에게서 덕의 아름다움을 보기 때문입니다. 눈부신 햇살을 흩뿌리며 떠오르는 태양도 내 생각 속에서 밝게 빛나는 바오로의 얼굴만큼 내 눈을 즐겁게 하

지는 못합니다. 한편으로 태양은 내 눈을 밝게 비추지만, 다른 한편으로 바오로는 바로 천상의 이 빛들에 날개를 달아 줍니다. 그는 영혼이 태양보다 더 우뚝 솟고 달보다 더 뛰어나게 합니다. 그것이 덕의 힘입니다. 덕은 인간을 천사로 만듭니다. 하늘로 날아갈 수 있는 날개를 영혼에 달아 줍니다. 바오로는 우리에게 이 덕을 가르칩니다. 그의 덕을 열심히 본받읍시다.

29. 우리 눈앞에 놓인 주제에서 벗어나지 않도록 합시다. 우리의 목표는 참회를 향한 세 번째 길, 겸손을 제시하는 것이었습니다. 세리는 겸손한 마음을 보여 준 것이 아닙니다. 오히려 그는 자신의 죄를 드러냄으로써 진실을 말했습니다. 그는 돈을 내거나, 바다를 건너거나, 먼 여행을 하거나, 수많은 바다를 가로지르거나, 친구를 존경하거나, 많은 시간을 들이지 않고도 의롭게 되었습니다. 대신 그는 겸손으로써 의로움을 이루었습니다. 이렇게 하여 그는 하늘나라에 합당하게 되었습니다. 우리 주 예수 그리스도의 은총과 인간에 대한 사랑을 통해, 우리도 모두 합당하게 하늘나라를 얻을 수 있습니다. 주 예수 그리스도께 영광과 권능이 세세대대로 있나이다. 아멘.

참회에 관한 설교

셋째 설교 자선과 열 처녀

제1장 참회의 넷째 길 ― 자선

1. 지난번 설교가 어디서 시작해서 어디서 끝났는지 기억하십니까? 저번 설교의 내용이 어떤 가정에서 시작되었고, 어떤 결론에 이르렀는지 기억하십니까? 여러분은 잊었을지 모르지만, 나는 기억합니다. 잊었다고 여러분을 꾸짖거나 나무라는 게 아닙니다. 여러분은 각자 아내가 있습니다. 아내는 자녀들에게 온전히 헌신하며 온갖 집안일을 돌봅니다. 어떤 이들은 병무에 종사하고, 또 어떤 이들은 기술자로 일합니다. 모두 저마다 서로 다른 일에 몸담고 있습니다. 그러나 나는 언제나 이 전례에 몸담고 있습니다. 나는 이 일들을 챙기며 여기 몸담고 있습니다. 그러니 누구도 여러분을 비난해서는 안 됩니다. 나도 우리가 지난번에 어디까지 이야기했는지 잊었다고 여러분을 비난하지 않습니다. 오히려

나는 한 주일도 나를 떠나지 않은 여러분의 성실을 칭찬합니다.

2. 여러분은 모든 것을 접어 두고 교회에 나왔습니다. 소음이나, 교외나, 금빛으로 뒤덮인 저택들이 아니라 성실하고 열심한 시민들이 있다는 것은 우리 도시의 큰 자랑거리입니다. 우리는 나무의 고귀한 가치를 그 잎이 아니라 열매에서 알아보기 때문입니다. 이는 우리가 이성이 없는 짐승들보다 뛰어난 까닭이기도 합니다. 우리는 이성을 지니고 있고 말을 공유하며 사랑합니다. 말씀Logos을 사랑하지 않는 사람은 짐승보다 훨씬 더 몰지각합니다. 그는 왜 자신이 영광스러운지, 자신의 영화가 어디서 비롯하는지 모르는 사람입니다. 예언자의 이 말은 참으로 옳습니다. "사람은 영화 속에 있으면서도 깨닫지 못하니, 지각없는 짐승과 같다"(시편 49,13 참조). 그대는 이성을 지닌 사람인데도 말씀을 사랑하지 않습니까? 어떤 변명을 내놓겠습니까? 덕에 관한 설교에 열띤 관심을 보이고 나머지 다른 것들은 하느님 말씀에 부차적이라고 여기는 그대는 그 누구보다도 나와 가까이 연결되어 있습니다.

3. 이제 계속해 봅시다! 우리의 주제에 본격적으로 들어

가서 지난 이야기를 계속 이어 가 봅시다. 나는 여러분께 빚이 있고 그것을 기쁘게 갚습니다. 그 빚은 나를 가난으로 이끄는 것이 아니라, 오히려 나를 부유하게 하기 때문입니다. 세상일에서는 채무자가 돈을 갚아야 하니 채권자를 피합니다. 그러나 나는 합당히 지불해야 하는 것을 주기 위해 바짝 쫓아다닙니다. 세상일에서는 빚을 갚으면 가난으로 이어지게 마련입니다. 그러나 말씀과 관련해서는 돌려주면 부유해집니다. 쉽게 풀어 말씀드리지요. 내가 어떤 사람에게 돈을 빚지고 있다고 합시다. 내가 돈을 갚으면 그 돈을 그 사람과 내가 동시에 가질 수는 없습니다. 돈은 합당한 주인에게 돌아가고 그에게서 떼어 낼 수 없게 됩니다. 그러나 내가 말씀으로 갚으면, 나도 여러분 모두도 그 말씀을 소유하게 됩니다. 내가 말씀을 혼자 간직하고 나누지 않으면, 그때 나는 가난해집니다. 내가 말씀을 선포하면, 나는 여러분과 함께 유익을 얻게 됩니다.

4. 이제 빚을 갚아 봅시다. 이 빚이란 무엇입니까? 지난번 설교에서 우리는 참회에 관하여 가르치고 있었습니다. 여러분이 구원에 쉽게 다가갈 수 있도록, 참회를 향한 여러 다양한 길이 있다고 말씀드렸지요. 하느님께서 우리에게 참

회로 가는 길을 하나만 주셨다면, 우리는 회합과 설교를 중단하고 여러분에게 알렸을 것입니다. 참회를 추구하지 않는다면 우리는 구원받을 수 없습니다! 그러나 하느님께서는 여러분이 이런 변명을 하는 것을 애초에 막으시려고 하나도 둘도 셋도 아닌 수없이 다양한 길들을 주시어, 이 여러 길을 통해서 천상에 오르는 일을 쉽게 해 주셨습니다.

5. 우리는 참회가 얼마나 쉬운지, 또 참회에는 아무 부담도 없다는 이야기를 했었습니다. 여러분은 죄인입니까? 교회에 들어가서 '저는 죄를 지었습니다'라고 말씀하십시오. 그러면 죄를 용서받을 수 있습니다. 그다음에는 두 번째 길, 곧 죄를 슬퍼하는 길을 알려 드리면서 '이것이 그렇게 힘듭니까?' 하고 말했습니다. 돈을 지불하거나 먼 길을 걷는 것 같은 힘든 일이 아니라 그저 죄를 슬퍼하면 됩니다. 우리는 성경에서 그 예를 들었는데, 아합이 침울해져서 슬퍼하자 하느님께서 아합에 대한 판결을 바꾸신 일입니다. 하느님께서는 엘리야에게 이렇게 말씀하셨습니다. "너는 아합이 내 앞에서 슬퍼하고 침울해하며 어떻게 행동하는지 보았느냐? 나는 내 분노대로 행동하지는 않을 것이다"(1열왕 21,29 참조). 다음으로 나는 여러분에게 참회에 이르는 세 번째 길을

보여 드렸습니다. 성경에 나오는 바리사이와 세리 이야기를 했지요. 바리사이는 교만하게 거짓 허세를 부리다가 의로움을 잃었습니다. 그러나 세리는 겸손으로써, 의롭게 되기 위한 수고를 하나도 들이지 않고도 의로움의 열매를 얻어 성전에서 내려왔습니다. 그는 참회의 말들을 쏟아냈고 용서를 받았습니다. 그러니 이제 우리도 계속 나아가 봅시다. 우리 설교를 이어 갑시다. 제가 여러분을 참회에 이르는 네 번째 길로 인도하겠습니다. 무엇일까요? 우리의 탁월한 조언자이며 덕행의 여왕인 자선을 말씀드리는 것입니다. 이 덕은 인간을 하늘로 곧바로 들어 올립니다.

6. 자선은 위대한 것입니다. 이런 까닭에 솔로몬은 "사람은 위대하고, 자비로운 사람은 귀하다"(잠언 20,5-6 참조)고 강조했습니다. 자선의 날개는 위대합니다. 그 날개는 공중을 가르고 달을 뛰어넘어 햇빛 너머까지 이르며, 하늘까지 올라갑니다. 거기서 멈추지 않습니다. 하늘 위로 올라 수많은 천사들과 대천사들의 무리와 모든 드높은 권능들을 앞질러 왕좌 옆에 섭니다. 성경에서도 알 수 있습니다. "코르넬리우스! 너의 기도와 너의 자선이 하느님 앞으로 올라가 좋게 기억되고 있다"(사도 10,4). '하느님 앞'이란, 여러분이 온갖 죄를

지었다 해도 자선을 변호인으로 두고 있다면 걱정하지 않아도 된다는 뜻입니다. 어떤 드높은 권능들도 이에 맞서지 못하기 때문입니다. 자선은 죄로 지은 빚을 갚습니다. 자선은 매매 증서를 손에 쥐고 있습니다. "너희가 이 가장 작은 이들 가운데 한 사람에게 해 준 것이 바로 나에게 해 준 것이다"(마태 25,40)라고 주님 몸소 말씀하시기 때문입니다. 여러분이 얼마나 많은 죄를 지니고 있든, 여러분이 행하는 자선은 그 죄를 모두 없앱니다.

제2장 열 처녀 이야기

7. 자선을 지니지 않은 사람은 동정童貞을 갖추고도 혼인잔치에 들어가지 못한다는, 복음에 나오는 열 처녀 이야기를 눈여겨보지 않았습니까? "열 처녀가 있었는데, 그 가운데 다섯은 어리석고 다섯은 슬기로웠다"(마태 25,2)고 복음은 말합니다. 슬기로운 이들은 기름을 가지고 있었습니다. 그러나 어리석은 이들은 기름을 가지고 있지 않았기에 등이 꺼져 버렸습니다. 어리석은 처녀들은 슬기로운 처녀들에게 가서 "너희 기름을 나누어 다오"(마태 25,8)라고 말했습니다. 나는 부끄럽습니다. 그 처녀가 어리석다는 소리를 들을

때면 나는 얼굴을 붉히고 웁니다. 그들이 그토록 많은 덕을 쌓고, 동정을 지키고, 그들의 육신을 천상으로 들어 높여 천상의 권능들과 우월성을 겨루었건만, 이 말을 듣고 나는 얼굴이 붉어집니다. 뜨거운 열을 견디고 불타는 용광로를 거쳐 달콤한 욕정을 짓밟은 뒤, 그들은 어리석다는 말을 들었습니다. 그런 소리를 들어 마땅했습니다. 그들은 위대한 것을 이루었으나, 하찮은 것에 걸려 넘어졌기 때문입니다. "어리석은 처녀들이 슬기로운 처녀들에게 '너희 기름을 나누어 다오' 하고 청하였다. 그러나 슬기로운 처녀들은 '그러다 우리도 너희도 모자랄 터이니 안 된다' 하고 대답하였다" (마태 25,8-9)라고 복음은 전합니다. 슬기로운 처녀들이 그렇게 한 것은 잔인하거나 악해서가 아니라, 적절한 때란 순식간이기 때문입니다. 신랑이 곧 도착하려 합니다. 그들도 등을 들고 있었습니다. 슬기로운 처녀들의 등에는 기름이 있었지만, 다른 이들의 등은 비어 있었습니다. 동정이 등이고, 자선은 기름입니다. 안정적으로 꾸준하게 태울 기름이 등에 없으면 등불은 꺼집니다. 마찬가지로 동정도 자선이 부족하면 꺼집니다.

8. "너희 기름을 나누어 다오." 그러나 "안 된다" 하고 대

답하였습니다. 이렇게 대답한 것은 악해서가 아니라 두려워서였습니다. "그러다 우리도 너희도 모자랄 터이다." 마찬가지로, 우리도 혼인 잔치에 들어가기를 청하는데 우리모두 바깥에 남겨질 수도 있습니다. "차라리 상인들에게 가서 사라." 이 기름을 파는 상인들은 누구입니까? 가난한 이들, 자선을 청하기 위해 교회 앞에 앉아 있는 이들입니다. 그들은 기름을 얼마에 팝니까? 여러분이 원하는 만큼입니다. 여러분이 가난을 구실 삼지 않도록 나는 기름에 가격을 매기지 않겠습니다. 여러분이 살 수 있는 만큼 사십시오. 한푼을 갖고 있습니까? 하늘을 사십시오. 하늘이 값싸다는 말이 아니라, 주님께서 인간을 사랑하시기 때문입니다. 한 푼도 없습니까? 시원한 물 한 잔을 주십시오. "이 작은 이들 가운데 한 사람에게 그가 제자라서 시원한 물 한 잔이라도 마시게 하는 이는 자기가 받을 상을 결코 잃지 않을 것이다" (마태 10,42). 하늘이 장사고 사업이라면, 우리는 느긋합니다. 빵을 주고 낙원을 잡으십시오. 작은 것을 주고 큰 것을 잡으십시오. 죽게 마련인 것을 주고 불사의 것을 붙잡으십시오. 섞는 것을 주고 불멸의 것을 붙잡으십시오. 좋은 가격에 풍성한 먹거리가 있고 많은 물건이 값싸게 팔리는 축제가 있

참회에 관한 설교

다면, 여러분은 그 물건을 어떻게든 손에 넣으려고 모든 것을 제쳐 놓고 여러분이 소유한 것을 내놓고 팔지 않겠습니까? 여러분은 썩는 물건들 앞에서는 허둥지둥합니다. 그러나 불멸의 것 앞에서는 어찌 그리 게으르고 소심한 모습을 보입니까?

9. 가난한 이들에게 주십시오. 그러면 여러분이 입 다물고 있어도 수천수만의 입들이 여러분을 변호하고, 자선이 여러분 편을 들며 여러분을 위해 탄원할 것입니다. 자선은 영혼의 구원입니다. 교회 문 앞에는 여러분이 손을 씻을 수 있도록 성수가 가득한 성수대가 있듯이, 교회 밖에는 여러분 영혼의 손을 씻을 수 있도록 가난한 이들이 앉아 있습니다. 자선으로 여러분 영혼의 손을 씻으십시오. 가난을 변명으로 삼지 마십시오. 과부는 더할 수 없이 가난한 때에도 엘리야에게 환대를 베풀었습니다. 가난이 그를 가로막지 못했습니다. 오히려 과부는 엘리야를 몹시도 기쁘게 맞아들였습니다. 덕분에 과부는 합당한 열매를 맺고 자선의 알곡을 거두었습니다. 그러나 이 말을 듣는 사람은 '나에게 엘리야를 보내 주십시오' 하고 말할지도 모르겠습니다. 왜 엘리야를 청합니까? '너에게 엘리야의 주님을 보내 주어도 너는

그를 먹이지 않았거늘, 설령 네가 엘리야를 보았던들 참으로 그에게 환대를 베풀었겠느냐?' 하고 주님께서 말씀하십니다. 판결은 모든 이의 주님이신 그리스도의 것입니다. "너희가 내 형제들인 이 가장 작은 이들 가운데 한 사람에게 해 준 것이 바로 나에게 해 준 것이다"(마태 25,40). 임금이 어떤 사람을 만찬에 초대하고 종들에게 그를 시중들도록 시킵니다. '나 대신 그에게 큰 감사를 드려라. 그는 내가 가난했을 때 나를 도왔고 나에게 환대를 베풀었다. 그는 내가 어려울 때 나에게 많은 은혜를 기꺼이 베풀었다.' 누구라도 임금이 그토록 감사하는 사람에게 어떻게 자기가 가진 것을 전부 쏟아붓지 않을 수 있겠습니까? 누구라도 어떻게 그를 위해 나서서 말하지 않을 수 있겠습니까? 누구라도 흔쾌히 그의 편이 되어 그를 다정하게 대하지 않을 수 있겠습니까?

제3장 동정童貞과 자선

10. 이 말에 얼마나 큰 힘이 담겨 있는지 알겠습니까? 이 일이 한낱 인간인 임금에게도 그렇게 큰 영광을 돌린다면, 그리스도께서 그날에 천사들과 모든 천상 권능들 앞에서 자선가를 초대하시고는, '그는 지상에서 나에게 환대를 베

풀었다. 그는 나를 위해 수많은 선행들을 했다. 그는 내가 나그네일 때 자기 집에 나를 묵게 했다'고 말씀하신다고 생각해 봅시다. 천사들 앞에서 여러분이 지닐 당당함, 천상 시민들 앞에서 여러분이 느낄 우쭐함을 생각해 보십시오. 그리스도의 호의를 입은 사람이 어떻게 천사들보다 더 당당하지 않을 수 있습니까? 그러니 형제 여러분, 자선은 중요한 일입니다. 자선만 한 것은 없으니 자선을 품어 안읍시다. 자선은 다른 죄들을 지우고 심판을 몰아낼 수 있습니다. 여러분이 침묵을 지켜도 자선은 남아서 여러분을 변호합니다. 아니, 여러분이 잠자코 있어도 자선이 여러분 대신 수천수만의 입으로 감사합니다. 자선에서 수많은 선이 비롯되는데, 우리는 자선을 소홀히 하고 자선에서 물러나 있습니다. 여러분이 줄 수 있는 만큼 빵을 주십시오. 빵이 없습니까? 한 푼을 주십시오. 한 푼이 없습니까? 시원한 물 한 잔을 주십시오. 이것도 없습니까? 고통받는 이들과 함께 슬퍼하십시오. 그러면 거두어들일 상급이 생길 것입니다. 상급은 여러분의 궁핍이 아니라 여러분의 자유의지에 비례하기 때문입니다. 그런데 이 주제에 관해 이야기하느라 처녀들을 잊었군요. 우리 주제로 다시 돌아갑시다.

11. "'너희 기름을 나누어 다오.' '안 된다. 우리도 너희도 모자랄 터이니 차라리 상인들에게 가서 사라.' 그들이 기름을 사러 간 사이에 신랑이 왔다. 준비하고 있던 처녀들은 신랑과 함께 혼인 잔치에 들어가고, 문은 닫혔다"(마태 25,10). 실제로 어리석은 다섯 처녀들은 왔지만, 혼인 잔치 문밖에서 들어가지 못하고 "문을 열어 주십시오"(마태 25,11) 하고 말했습니다. 신랑은 안에서 그들에게 대답했습니다. "나에게서 물러서라. 나는 너희를 알지 못한다"(마태 25,12). 그들은 그토록 고생하고도 무슨 말을 들었습니까? "나는 너희를 알지 못한다." 이것이 내가 여러분에게 드리고 있는 말씀입니다. 그들은 동정이라는 큰 부요를 일구었으나 무의미하고 헛된 일이었습니다. 그들이 온갖 분투 끝에 어떻게 쫓겨나는지 상상해 보십시오. 그들은 무절제를 억누르고, 천상의 세력들과 경쟁하고, 이 세상 것들을 하찮게 여겼으며, 뜨거운 열기를 식히고, 도랑에서 빠져나오고, 지상에서 천상으로 날아올랐으며, 육신의 인호를 간직하고, 위대한 동정 상태에 오르고, 천사들과 겨루었으며, 육신의 욕구를 짓밟고, 인간 본성을 잊고, 육신과 더불어 무형의 것들로 이루어진 것들까지 성취했으며, 동정의 크고 튼튼한 부요를 획득했

으나, 그 뒤에 결국 들은 말은 이런 것입니다. "나에게서 물러서라. 나는 너희를 알지 못한다."

12. 부디 당부하건대, 동정의 훌륭함을 하찮게 여기지는 마십시오. 동정은 옛사람들이 아무도 지킬 수 없었던 그런 것입니다. 그런 까닭에 지금은 하느님의 은총이 큽니다. 예언자들과 옛사람들에게 끔찍했던 것이 이제는 하찮은 것이 되었습니다. 그토록 힘들고 불가능하게 여겨진 것들은 어떤 것들입니까? 동정, 그리고 죽음을 개의치 않는 태도입니다. 그러나 이제는 하녀들도 이들을 하찮게 여깁니다. 동정의 부요는 그토록 힘든 것이라 옛사람들은 아무도 지킬 수 없었습니다. 노아는 의롭고 하느님의 은총을 받았지만 아내와 관계를 가졌습니다. 마찬가지로 아브라함과 이사악도 노아와 더불어 하느님의 약속을 상속받았지만 각각 아내와 관계를 가졌습니다. 신중한 요셉은 불륜이라는 엄청난 짓을 뿌리쳤지만(창세 39장 참조), 동정을 서약하기란 너무나 혹독했기에 아내와는 관계를 가졌습니다. 동정은 그 장미꽃⁴이 피었을 때부터 강력해졌습니다. 그래서 옛사람들은 아무도 동정을 실천할 수 없었습니다. 육신에 굴레를 씌우는 것이 큰일이었기 때문입니다. 여러분의 생각에서 동

정의 상태를 되살리고, 이 덕의 중요성을 잘 배우십시오. 동정은 나날이 끝없이 치러야 하는 전쟁입니다. 야만인들과 싸우는 전쟁보다도 더 치열한 전쟁입니다. 야만인과의 전쟁은 결정적 순간에 화친조약이 맺어지면 끝납니다. 한동안 전투를 벌이다가 또 한동안은 쉽니다. 군사들의 계급이 있고, 정해진 때가 있습니다. 그러나 동정을 위해 치르는 전쟁은 쉴 틈이 없습니다. 적은 악마이고, 악마는 공격에 적절한 때를 지킬 줄 모를 뿐 아니라 전투에 앞서 전열을 가다듬느라 기다리지도 않습니다. 그는 항상 도사리고 있다가 동정인에게 치명상을 입히려고 무장해제되는 순간을 노립니다. 동정인은 이 전쟁을 결코 끝낼 수 없는데, 그의 내면에서 동요가 일고 적군이 돌아다니고 있기 때문입니다. 죄수들은 한동안은 주인을 보아도 크게 동요하지 않지만, 동정인은 어디를 가든지 재판관이 동행하고, 적군이 따라다닙니다. 그 적군은 동정인에게 하룻밤의 안식도 주지 않고 밤이건 아침이건 한낮이건 언제나 싸움을 걸며, 욕정을 동정인의 발아래 깔아 두고, 덕을 동정에게서 영영 멀리 쫓아내고, 동정의 내면에 사악함을 불러일으키며, 예지를 쫓아내고, 불륜의 씨를 뿌리려고 혼인을 저버리게 합니다. 적군은

참회에 관한 설교

시시때때로 비열하고 은밀하게 타오르는 욕정의 용광로에 불붙이는 데 능합니다. 이것을 이루는 데 얼마나 수고했을지 상상해 보십시오. 그럼에도 어리석은 처녀들은 이 모든 일을 겪은 뒤 이런 말을 들었습니다. "나에게서 물러나라. 나는 너희를 알지 못한다."

13. 동정의 위대함을 깨달으십시오. 동정이 그 자매인 자선을 만나면, 그 어떤 끔찍한 것도 동정을 이길 수 없습니다. 동정은 그 어떤 것보다 뛰어나게 됩니다. 어리석은 처녀들이 혼인 잔치에 들어가지 못한 것은, 동정과 더불어 자선까지 지니지는 못했기 때문입니다. 이 말은 마땅히 부끄러워해야 할 말입니다. 그들은 쾌락을 저버렸지만, 돈을 하찮게 여기지는 못했습니다. 아, 처녀여, 그대는 세속 삶을 부정하고 세상에 대해 스스로를 십자가에 못 박았으나 돈을 사랑했습니다! 차라리 그대가 사내를 그리워했더라면 그렇게 끔찍한 죄는 짓지 않았을 텐데. 그랬더라면 그대와 같은 본질의 존재를 바라는 죄에 그쳤을 것이기 때문입니다. 그러나 그대가 이질적인 물질을 바란 탓에, 더 큰 단죄를 받았습니다. 참으로, 혼인한 여자라도 자녀가 있다는 핑계로 비정한 모습을 보여서는 안 됩니다. 여러분이 어떤 사람에게

'저에게 자선을 베풀어 주십시오' 했는데, '나는 아이들이 있어서 안 돼요'라고 하거든, 그 여자에게 이렇게 말해 주십시오. '당신에게 아이들을 주신 분은 하느님이십니다. 당신이 태중에 열매를 받은 것은 비정해지지 말고 자비로워지라고 그런 것입니다. 자비를 베풀어야 할 이유를 비정함의 핑계로 삼지 마십시오. 자녀들에게 좋은 유산을 남기고 싶습니까? 그들에게 자선을 남기십시오. 그러면 모두 당신을 칭찬할 것이고 당신에 대한 좋은 기억을 널리 남기게 될 것입니다.' 그러나 아이도 없고 세상에 대해 십자가에 못 박힌 그대, 그대는 대체 왜 돈을 모읍니까?

제4장 참회의 또 다른 길들

14. 그러나 우리 설교는 영혼이 있고, 참회의 길과 자선을 다룹니다. 우리는 자선이 큰 자산이라는 이야기를 하고 있었습니다. 그런 다음, 동정의 큰 바다가 우리를 받아들였습니다. 그러니 자선은 으뜸가는 위대한 참회이며, 여러분을 죄의 속박에서 속량할 수 있습니다.

15. 그런데 참회의 또 다른 길이 있습니다. 이것 역시 쉽게 다룰 수 있는 것으로, 이를 통해 죄에서 구원받을 수 있

습니다. 하루의 모든 순간에 기도하고, 인간을 향한 하느님의 사랑을 청하는 일에서 용기를 잃거나 게을러지지 마십시오. 여러분이 굳건히 버티면, 그분께서 여러분에게서 돌아서지 않으시고 여러분의 죄를 용서하시며 여러분의 청을 들어주실 것입니다. 여러분의 기도를 들어주시면 계속 기도하며 감사를 드리십시오. 기도를 들어주시지 않으면 응답받을 수 있도록 계속 기도하십시오.

16. '나는 많은 것들을 위해 기도했지만 들어주시지 않더라고' 같은 말은 그만두십시오. 이런 일이 일어나는 것도 여러분을 위해서인 경우가 많기 때문입니다. 여러분이 낙담하고 게으르며, 필요한 것을 얻고 나면 떠나가서 더 이상 기도하지 않는 것을 알고 계시기에, 하느님께서는 여러분이 당신과 더 친밀하게 대화하고 기도에 전념할 수 있도록 요구를 통해 여러분을 보호하십니다. 여러분이 그토록 큰 요구와 결핍에 처해서도 게으르고 꾸준히 기도하지 않는데, 이런 요구들 가운데 하나라도 채워지면 어떻게 행동하겠습니까? 그래서 하느님께서는 여러분이 기도를 저버리지 않도록, 여러분의 유익을 위해서 이렇게 하십니다. 그러니 계속 기도하고, 조금도 게을러지지 마십시오. 사랑하는 여러

분, 기도는 많은 것을 이룰 수 있기 때문입니다. 기도를 하찮게 여기며 기도에 임하는 일이 절대 없도록 하십시오.

17. 기도가 죄를 없앤다는 사실을 거룩한 복음서에서 배워 봅시다. 복음은 뭐라고 말합니까? 하늘나라는 자기 집 문을 닫아걸고 아이들과 함께 잠자리에 든 사람과 비슷합니다. 저녁에 어떤 사람이 빵을 얻으러 와서 문을 두드리며 말합니다. '문 좀 열어 주게. 빵이 필요하네.' '나와 아이들이 잠자리에 들었기 때문에 지금은 줄 수가 없네.' 그래도 그는 끈질기게 문을 두드렸지만, '나와 아이들이 잠자리에 들어서 지금은 줄 수가 없네'라는 대답이 돌아왔습니다. 그는 이 말을 듣고도 끈질기게 문을 두드렸고, 마침내 집주인이 "일어나서 그가 원하는 것을 뭐든 줘서 보내라"고 말할 때까지 물러서지 않았습니다(루카 11,5 이하 참조). 복음은 끊임없이 기도하라고 가르칩니다. 아무것도 얻지 못하더라도 굳건히 버티십시오. 그러면 언젠가는 얻을 수 있을지도 모릅니다.

18. 성경에서 참회의 다른 길들도 많이 찾을 수 있습니다. 이 참회는, 그리스도의 육화 이전에도 예레미야를 통해 선포되었습니다. "사람들은 쓰러지면 다시 일어서지 않느냐? 누구나 빗나가면 다시 돌아오지 않느냐?"(예레 8,4). 또 이런

말씀도 있습니다. "나는 '그가 이 모든 짓을 저지른 뒤 나에게 돌아오겠지' 하고 말하였다"(예레 3,7). 하느님께서는 게으름에 대한 우리의 온갖 변명을 차단하시려고 우리에게 여러 다른 길들을 주셨습니다. 우리에게 길이 하나뿐이라면 기도를 통해서 하늘나라에 들어갈 수 없었을 것입니다. 악마는 언제나 이 칼에서 달아납니다.

19. 죄를 지었습니까? 교회에 가서 그대의 죄를 없애 버리십시오. 그대는 장터에서 넘어질 때마다 다시 일어납니다. 이처럼, 죄를 지을 때마다 죄를 뉘우치십시오. 실망하지 마십시오. 다시 죄를 지으면 다시 참회하십시오. 마련된 선에 대한 희망을 허둥대다 놓치는 일이 없도록 하십시오. 나이가 지긋하게 들어 죄를 지었더라도 교회에 가서 참회하십시오. 교회는 법정이 아니라 병원이기 때문입니다. 교회는 형벌을 저울질하지 않고 죄의 용서를 베풀 따름입니다. 오직 하느님께만 그대의 죄를 말씀 드리십시오. "오로지 당신께 죄를 지었나이다. 당신 앞에서 악을 행하였나이다"(시편 51,6 참조). 그러면 그대는 죄를 용서받습니다.

20. 참회의 또 다른 길이 있습니다. 어렵지 않고 아주 손쉬운 길입니다. 무엇일까요? 여러분 죄를 위해 우십시오.

거룩한 복음에서, 사도들의 으뜸이며 교회의 정점이고 그리스도의 벗인 베드로의 본보기에서 이를 배우십시오. 스승께서 "시몬 바르요나야, 너는 행복하다! 살과 피가 아니라 하늘에 계신 내 아버지께서 그것을 너에게 알려 주셨기 때문이다"(마태 16,17) 하고 몸소 증언하셨듯이, 그는 인간에게가 아니라 성부께 계시를 받았습니다. '이 베드로로 말하자면 ….' 여기서 제가 베드로라고 할 때는 견고한 바위, 든든한 기초, 위대한 사도, 첫 제자, 그리스도께 처음 부름 받은 이, 처음으로 순종한 이를 뜻합니다. 그는 사소한 일이 아니라 아주 엄청난 일을 저질렀습니다. 스승을 부인한 것입니다. 그 의로운 사람을 비난하려는 것이 아니라 여러분에게 참회의 이유를 알려 주기 위해서 이런 말을 하는 것입니다. 베드로는 온 세상의 스승이시며 보호자이시고 만민의 구원자이신 분을 부인했습니다. 그 배신 중에 구원자께서는 다른 이들이 당신을 떠나는 것을 보셨고(요한 6,67 참조), 그래서 베드로에게 "너희도 떠나고 싶으냐?" 하고 물으셨습니다. 베드로는 "스승님과 함께 죽는 한이 있더라도, 저는 스승님을 모른다고 하지 않겠습니다"(마태 26,35) 하고 대답했습니다. 베드로, 당신은 무슨 말을 하고 있습니까? 하

참회에 관한 설교

느님께서는 있는 그대로 선언하시는 분이신데, 당신은 하느님께 맞서려 합니까? 그러나 베드로의 선택이 바로 그 일을 드러냈고, 인간 본성의 약함이 부끄러움을 당했습니다. 언제 이런 일들이 일어났습니까? 그리스도께서 배신당하시던 그날 밤이었습니다. 베드로가 불을 쬐고 있는데, 하녀 하나가 그에게 다가와 "어제 당신도 저 사람과 함께 있었어요"(마태 26,69) 하고 말했습니다. 베드로는 "나는 그 사람을 알지 못하오"(마태 26,74) 하고 대답했습니다. 그는 이 말을 두 번 세 번 되풀이했고, 그의 부인은 완결되었습니다. 나중에 그리스도께서는 베드로의 얼굴을 바라보시며 눈빛으로 말씀하셨습니다(루카 22,61 참조). 그분은 베드로에게 입으로 말씀하시지 않았습니다. 유대인들 앞에서 그를 망신 주거나, 당신 제자에게 부담을 주지 않으시려는 뜻이었습니다. 대신 그분은 베드로에게 눈빛으로 말씀하셨습니다. '베드로야, 내가 전에 했던 말이 바로 이것이었다.' 이를 깨달은 베드로는 울기 시작했습니다. 그냥 운 것이 아니라 슬피 울었습니다. 베드로는 자기 눈에서 흐르는 눈물로 또 한 번의 세례를 받았습니다. 슬피 욺으로써 그는 자기 죄를 씻었습니다. 그 뒤에 그는 천국의 열쇠를 맡게 되었습니다.

21. 베드로의 눈물이 그토록 큰 죄를 씻었다면, 여러분도 눈물로 죄를 지울 수 있지 않겠습니까? 스승을 모른다고 하는 것은 작은 잘못이 아니기 때문입니다. 그것은 크고 심각한 잘못이지만, 눈물이 그 죄를 완전히 없앴습니다. 그러니 여러분의 죄를 생각하며 우십시오. 그냥 울거나 가식적으로 울지 말고, 베드로처럼 슬피 우십시오. 스승님께서 여러분을 가엾이 여기시고 여러분의 죄를 용서하실 수 있도록 영혼 깊은 곳에서 눈물이 솟구치게 하십시오. 그분은 인간을 사랑하시는 분이시며, "내가 정말 기뻐하는 것은 악인의 죽음이 아니다. 악인이 자기가 걸어온 길을 버리고 돌아서서 사는 것이다"(에제 18,23) 하고 말씀하셨습니다. 그분은 여러분에게 약간의 수고만을 바라시고, 당신께서는 큰 것을 주십니다. 그분은 여러분에게 생명을 구하는 보화를 주시기 위해 여러분이 기회를 주기 바라십니다. 눈물을 보이십시오. 그러면 그분께서 여러분에게 용서를 베푸십시오. 참회를 하십시오. 그러면 그분께서 여러분에게 죄의 용서를 내리십니다. 튼튼한 방어막을 얻을 수 있도록 작은 기회 하나를 마련하십시오. 방어막은 하느님에게서 오고 기회는 우리에게서 나오기 때문입니다. 우리가 우리 것을 내어놓

으면 그분께서는 당신 것을 우리에게 주실 것입니다. 그분은 이미 당신 것들을, 그리고 해와 달을 주셨습니다. 그분께서는 수많은 별의 무리들을 세우시고, 공기를 부어 주셨으며, 땅을 펼치시고, 바닷물을 가두셨습니다. 그분은 산과 골짜기와 언덕과 개울과 호수와 강과 온갖 식물을 비롯하여 모든 것을 세우셨습니다.

22. 그분께서 여러분에게 천상 것들을 주실 수 있도록 여러분은 작은 것을 바치십시오. 우리는 우리 자신을 방치하지도, 우리의 구원을 가로막지도 말아야 합니다. 모든 것의 주님이신 분의 인간을 향한 사랑의 바다가 드넓게 펼쳐져 있기 때문입니다. 그분께서는 우리 죄에 대한 당신의 결정까지도 바꾸십니다. 하늘나라, 낙원, "어떠한 눈도 본 적이 없고 어떠한 귀도 들은 적이 없으며 사람의 마음에도 떠오른 적이 없는 것들, 하느님께서 당신을 사랑하는 이들을 위하여 마련해 두신"(1코린 2,9) 좋은 것들이 우리 모두 앞에 있습니다. 이런 좋은 것들을 잃지 않기 위해, 우리는 무엇인가를 바칠 수 있도록 우리가 할 수 있는 최선을 다해야 하지 않겠습니까? 여러분은 바오로를 잘 알고 있지 않습니까? 많은 애를 썼고 악마에 맞서 수많은 승리를 쌓아 올렸던 사

람, 자기 발로 세상 곳곳을 누비고 다녔던 사람, 땅과 바다와 공중을 가로질러 다녔고 날개라도 달린 양 세상을 두루 돌았던 사람, 돌을 맞았고 살해당할 뻔했으며 매질당했던 사람, 하느님의 이름을 위하여 모든 고난을 겪었고, 천상의 목소리가 높은 곳에서 이름을 불렀던 사람 말입니다. 그가 했던 말, 그가 선포한 설교에 주목합시다. '우리는 하느님께 은총을 받았습니다. 그러나 나도 역시 애를 썼습니다. 나도 이바지했습니다.' "하느님께서 나에게 베푸신 은총은 헛되지 않았습니다. 나는 그들 가운데 누구보다도 애를 많이 썼습니다"(1코린 15,10). 그는 '우리는 압니다. 우리는 우리가 받은 은총의 크기를 잘 알고 있습니다. 그것은 나를 가만히 놔두지 않았습니다. 내가 전하는 이 모든 일은 분명합니다'라고 말했습니다. 그러니 우리도 이렇게 우리 손에게 자선을 가르쳐 작은 이바지라도 할 수 있게 합시다.

23. 우리 죄 때문에 슬피 웁시다. 우리의 잘못을 한탄하여, 훗날 우리가 작은 것이라도 바쳤음이 드러나게 합시다. 장차 우리에게 주어질 것들은 위대하고 우리 능력을 뛰어넘는 것이기 때문입니다. 그것은 낙원과 하늘나라입니다. 우리 주 예수 그리스도의 은총과 사랑을 통하여, 우리 모두

하늘나라에 맞갖은 사람이 되기를 빕니다. 성부와 성령과 함께 우리 주 예수 그리스도께 모든 영광과 권능과 영예가 이제와 영원히 세세대대로 있나이다. 아멘.

참회와 기도

제1장 거듭 일어선 의인들

1. 목자들은 무성한 풀이 보이는 곳이면 어디든 양들을 데리고 갑니다. 목자들은 양 떼가 풀밭의 풀을 전부 뜯기 전에는 조급하게 다른 곳으로 이끌지 않습니다. 우리도 양들과 비슷합니다. 오늘은 우리가 이 양 떼에게 참회의 길에서 풀을 뜯게 한 지 나흘째 되는 날입니다. 그러나 오늘도 우리는 여기서 멀리 갈 준비가 되지 않았습니다. 아직도 큰 기쁨과 유익이 있는 풍성한 목초지가 있음을 알기 때문입니다.

2. 한낮에 가축 무리에게 쉼터가 되어 주는 나뭇잎들도, 성경 독서가 고통받는 영혼들과 두려움에 시달리는 영혼들에게 원기와 활기를 다시 북돋아 주는 만큼의 큰 위안은 주지 못하며, 그렇게 적당하고 쾌적한 그늘을 제공하지 못하고, 그렇게 그들을 얼러서 달콤하게 잠들게 하지 못합니다.

성경 독서는 크고 강렬한 고통을 없애 주고, 어떤 그늘보다도 훨씬 즐겁고 쾌적한 위안을 선사합니다. 성경 독서는 재산이나 자식이나 어떤 다른 것을 잃었을 때뿐 아니라 최악의 죄를 저지른 때에도 여러분에게 큰 위로를 줍니다.

3. 일단 죄에 빠지고 죄에 발이 걸려 넘어져서 다시 일어날 수 없게 되면, 그의 양심이 그를 삼켜 버립니다. 끊임없이 죄를 기억하는 만큼, 그는 날마다 다시 불붙는 극단적인 두려움에 숨이 막힙니다. 그럴 때에는 많은 이가 위로해 주어도 위안을 얻지 못합니다. 그러나 그가 교회에 가서, 많은 성인들도 쓰러졌으나 일어나 본디의 고귀한 처지로 돌아갔다는 이야기를 들으면 자신도 깨닫지 못하는 사이에 위로를 받고 떠나갑니다. 종종 인간은 죄를 짓고도 다른 이들에게 드러내지 못하는데, 창피하고 부끄럽기 때문이거나 죄를 드러내서 그다지 득 될 것이 없기 때문입니다. 그러나 하느님께서 마음을 어루만지시고 위로해 주시면, 아무리 극악한 슬픔도 곧바로 사라집니다. 이런 까닭에 성경은 우리를 위해 의인들의 재앙을 기록하고 있어서, 죄인들과 올곧은 이들 모두 큰 유익을 얻을 수 있습니다. 다른 사람들도 넘어졌지만 다시 일어설 수 있었다는 것을 알게 되면, 죄지

은 사람이 절망이나 낙담에 빠지지 않기 때문입니다.

4. 의로움을 위해 애쓰는 사람은 더욱 성실하고 항구해질 것입니다. 자신보다 훨씬 훌륭한 많은 사람이 넘어졌다가 다시 일어설 수 있었던 것을 보면, 그는 타락에 대한 두려움으로 신중해질 것이고, 언제나 덕행과 의로움을 위해 노력할 것이며, 자신의 안전에 관심을 보일 것입니다. 이렇게 하여 덕을 이루어 낸 사람은 그 안에 항구히 머물 것이고, 죄를 지은 사람은 절망에서 벗어나 자신이 넘어진 곳으로 금세 되돌아갈 것입니다.

5. 슬퍼하는 우리를 누군가 위로하면, 우리는 잠시 위로를 받고 곧 다시 절망에 빠집니다. 그러나 죄를 지었다가 뉘우치고 구원받은 다른 이들을 통해 하느님께서 우리에게 애원하실 때, 그분께서는 우리에게 당신의 선하심을 분명히 드러내십니다. 그분께서는 우리가 그들의 구원을 분명히 확신하고 스스럼없이 위로를 받아들일 수 있게 하십니다. 그러므로 모든 죄스러운 환경이나 위험에 놓였을 때, 성경에 나오는 옛이야기들은 주의를 기울이는 모든 이에게 절망에 대한 적절한 치료약을 제공합니다. 우리의 재산을 몰수당했거나 비방이나 옥살이나 매질이 우리를 마구 위협

하거나 다른 고통이 우리에게 닥치더라도, 우리는 고통을 겪고 인내로 이런 일들을 받아들인 의인들의 본보기를 보고서 재빨리 회복할 수 있을 것입니다.

6. 육신의 고통의 경우, 병고를 겪는 이들을 보는 사람은 병자들의 질병을 더욱 확대해서 봅니다. 실제로 병이 없어도 병자들을 바라보는 것만으로도 병이 생기는 경우가 많습니다. 예컨대, 어떤 이들은 눈이 아픈 사람들을 보고는 그 광경만으로도 병에 걸립니다. 그러나 영혼과 관련해서는 그렇지 않습니다. 오히려 반대의 일이 일어납니다. 우리가 이러한 것들로 고통받은 이들을 늘 머릿속에서 생각할 때, 비루한 우리의 나약함은 줄어듭니다. 이런 이유로, 바오로는 신자들에게 살아 있는 성인들뿐 아니라 죽은 성인들을 누구보다 앞세우도록 독려합니다. 걸려 넘어져 멸망하려 하는 히브리인들에게 이야기하면서 바오로는 거룩한 다니엘과 세 젊은이, 엘리야, 엘리사를 분명히 보여 줍니다. "그들은 사자들의 입을 막았으며, 맹렬한 불을 껐고, 칼날을 벗어났으며, 돌에 맞아 죽기도 하고, 조롱과 채찍질을 당하고, 결박과 투옥을 당하기까지 하였습니다. 그들은 궁핍과 고난과 학대를 겪으며 양가죽이나 염소 가죽만 두른 채 돌아

다녔습니다. 그들에게는 세상이 가치 없는 곳이었습니다"(히브 11,34 이하 참조). 고난에 시달리는 이들의 고통에 동참하는 것은 괴로워하는 이들을 안심시킵니다. 어떤 사람이 끔찍한 일로 고통받게 되어 슬픔을 달랠 길 없을 때, 자신과 같은 슬픔을 겪는 다른 사람을 보면 상처의 아픔이 줄어듭니다.

제2장 유혹이 지나간 뒤에도

7. 그러므로 우리를 방해하는 모든 것에 빠지지 않기 위해, 성경 이야기들을 꼼꼼히 살펴봅시다. 이 원천에서 우리는 큰 인내의 기회를 얻게 될 것입니다. 우리는 다른 이들도 똑같은 일들을 겪은 것을 보면서 위로를 얻을 뿐 아니라, 우리에게 닥친 위험에서 자신을 구원하는 방법도 알게 될 것입니다. 죄를 용서받은 다음 우리는 게으름에 빠지거나 슬픔에 휩싸이지 않으면서 우리의 처지를 바꾸는 법을 배울 것입니다. 우리가 사악하게 행동하면서 납작 엎드리고 겸손하게 굴며 신심 깊은 태도를 보이는 것은 전혀 놀라운 일이 아닙니다. 이는 유혹의 본성입니다. 유혹의 본성은 돌 같은 마음을 지닌 이들에게도 강제로 똑같은 일을 하게 하고

아픔을 느끼게 할 수 있습니다.

8. 신실한 영혼은 유혹에서 건져진 뒤에는 언제나 하느님을 눈앞에 모시고 결코 하느님을 잊지 않습니다. 이는 유대인들이 끊임없이 겪었던 일입니다. 이런 까닭에, 다윗 예언자는 그들을 조롱하며 말했습니다. "그들을 죽이실 제야 그들은 그분을 찾고 돌이켜, 이른 아침에 일어나 하느님께 가까이 돌아왔다"(시편 78,34). 이를 잘 알았던 모세도 끝없이 그들에게 권고하였습니다. "너희가 마음껏 먹고 마시고 배를 채우게 될 때, 너희 주 하느님을 잊지 않도록 조심하여라"(신명 6,11-12 참조). 정말 이런 일이 일어났습니다. 성경은 말합니다. "여수룬은 살이 찌고 몸이 불어나 기름기가 흐르더니 자기를 만드신 하느님을 저버렸다"(신명 32,15). 그러니 깊은 슬픔 속에서 매우 신실했거나 지혜를 사랑했던 성인들보다는 환란이 잠잠해지고 평온이 이어질 때에도 선함과 성실함을 한결같이 유지했던 이들을 더 존경해야 합니다.

9. 분명, 굴레 없이도 박자에 맞춰 행진할 수 있는 말은 칭찬받아 마땅합니다. 사실, 재갈과 고삐로 조종하고 있어서 길이 잘 든 것은 놀라운 일이 아닙니다. 그렇게 길든 것은 그 짐승이 훌륭해서가 아니라 굴레가 통제하기 때문입니

다. 영혼에 대해서도 똑같이 말할 수 있습니다. 두려움이 억누를 때 영혼이 잠잠하다면 놀라운 일이 아닙니다. 그러나 유혹이 지나가고 두려움의 굴레가 헐거워졌을 때, 그때 영혼의 철학과 그 모든 질서를 보여 주십시오. 그런데 유대인을 비난하려다가 나의 생활 방식을 비난하게 되지나 않을까 두렵습니다. 분명 우리가 굶주림이나 역병, 폭풍우, 가뭄, 화재, 적의 침략으로 인한 엄청난 고통에 빠져 있을 때, 교회는 날마다 몰려드는 군중으로 자리가 붐비지 않습니까?

10. 지혜에 대한 우리의 사랑과 추구, 세상 것들에 대한 우리의 업신여김은 위대했습니다. 그때는 돈에 대한 갈망도, 명예욕도, 음란함에 대한 욕구나 집착도, 어떤 다른 사악한 생각도 우리를 방해하지 못했습니다. 오히려 모두 기도와 눈물로 하느님을 두려워하며 나아갔습니다. 그때, 남창이 절제했고, 악의를 품은 이는 화해로 돌아섰습니다. 탐욕스러운 이가 자선을 하고, 버럭 화내고 괄괄하던 이는 길을 바꾸어 겸손과 온유로 돌아섰습니다. 하느님께서 그 분노를 완전히 흩으시고, 재앙의 폭풍우를 누그러뜨리시고, 세찬 물결에서 벗어나 고요함을 이루신 다음, 우리는 예전의 습관으로 돌아갔습니다. 실제로 나는 그 유혹의 시기에,

참회에 관한 설교

여러분이 하느님을 누그러뜨리기 위해 교회로 몰려갈 것이라고 꾸준히 예언하였습니다. 그리고 하느님께서 당신의 분노를 흩으시면 여러분이 예전의 길로 돌아갈 것이라고도 말했습니다. 돌아보면, 내가 여러분에게 이렇게 예언한 것은 아무 소용이 없었습니다. 지나간 꿈과 그림자처럼 여러분은 모든 유혹을 여러분의 생각에서 몰아냈기 때문입니다. 그러나 이제 지금 상황에, 나는 전보다 더 놀라고 그때 내가 한 말을 더욱 두려워합니다. 아마도 우리는 전보다 더욱 심각한 악을 스스로 부르고, 불치의 역병을 하느님께 받을 것입니다.

11. 누군가 거듭 죄를 짓고 하느님께 용서를 얻고서도 하느님의 관대함과 악에서 구원해 주심에서 아무것도 얻지 못한다면, 하느님께서는 어쩔 수 없이 그가 가장 나쁜 악들을 자초하도록 손을 쓰시어 그를 철저히 으스러뜨리시고 참회를 위한 약속된 시간을 빼앗으십니다. 이것이 바로 파라오에게 일어났던 일입니다. 한 번, 두 번, 세 번, 네 번 ⋯ 연달아 부상당한 뒤에도 파라오는 여전히 하느님의 인내심을 입었습니다. 그러나 이것이 그에게는 아무 소용 없었습니다. 결국 그는 완전히 바수어져서 도시와 함께 사라졌습

니다. 유대인들도 똑같은 일을 겪었습니다. 이런 까닭에, 그분께서 그들을 없애 버리고 돌이킬 수 없는 파멸을 불러오시려 할 때, 그리스도께서는 이렇게 경고하셨습니다. "내가 몇 번이나 너의 자녀들을 모으려고 하였던가? 보라, 너희 집은 버려질 것이다"(루카 13,34). 그래서 나는 우리도 똑같은 일을 겪을까 두렵습니다. 다른 이들의 재앙도, 우리 자신의 재앙도 우리를 정신 차리게 하지 못하기 때문입니다.

12. 나는 여기 모인 여러분에게만 이런 말씀을 드리는 것이 아니라, 일상의 성실을 잃어버리고 예전의 슬픔을 잊은 이들에게도 말하는 바입니다. 유혹이 지나가더라도 그 기억은 우리 영혼에 남아 있어야 한다고, 그래서 우리가 그 유익을 영원히 기억하고 이를 베풀어 주신 하느님께 계속 감사드려야 한다고, 내가 몸을 해쳐 가면서까지 줄기차게 권고하고 있는 그들에게도 이 말씀을 드립니다.

제3장 영혼을 돌보기

13. 전에도 이 말씀을 드렸습니다만, 이제 저들도 여러분에게 전해 들을 수 있도록 여러분에게 다시 말씀드립니다. 시련에 억눌리지도 않았고, 한가로움으로 말미암은 자만심

에 가득 차지도 않았던 성인들을 본받읍시다. 우리 가운데 많은 이들은 지금 시련을 겪고 있는데, 사방이 파도로 에워싸여 뒤집히는 날렵한 배의 밑바닥과 비슷합니다. 여러 번 가난이 우리를 기습공격하여 우리를 삼키고 바다 밑바닥으로 데려갔습니다. 그리고 우리에게 온 부는 우리를 다시 부풀려 우리를 최악의 거짓으로 내던졌습니다. 그래서 나는 여러분에게 물질에 관심을 기울이지 말고, 저마다 자기 영혼을 구원으로 이끌라고 간청합니다. 우리 영혼을 똑바로 이끌면 어떤 위험이 닥쳐도 — 기근이든 질병이든 비방이든 재산 박탈이든, 그 어떤 것이든 — 스승님의 계명과 그분께 두는 희망 덕분에 견딜 만하고 가벼울 것입니다. 반면에, 영혼이 하느님 앞에 똑바로 서 있지 않으면, 부가 넘쳐흐르고 자녀들이 있고 헤아릴 수 없이 많은 재화를 누려도 이 사람은 심각한 나약함과 온갖 걱정에 시달릴 것입니다. 그러므로 부를 추구하지 맙시다. 가난을 피하지 맙시다. 무엇보다도 각자 자신의 영혼을 돌보고, 영혼이 미래 삶에 유리한 것을 추구하도록 하며 현세에서 내세로 넘어갈 수 있도록 합시다.

14. 머지않아 우리 각자에 대한 조사가 있을 것입니다. 우

리 모두 저마다 자기 행실의 옷을 입고, 그리스도의 두려운 법정에 서게 될 것입니다. 그리고 우리는 한편으로는 고아의 눈물을 우리 눈으로 보게 될 것이고, 다른 한편으로는 우리가 우리 영혼을 더럽힌 부끄러운 음란함과 과부의 통곡과 약자들에 대한 박대와 가난한 이들에게 저지른 강탈을 보게 될 것입니다. 이러한 일들뿐 아니라 생각으로 저지른 온갖 추잡함도 심판받을 것입니다. 그분께서는 "마음의 생각과 속셈을 가려내시며"(히브 4,12) "마음과 속을 꿰뚫어 보시는 분"(시편 7,10)이시고, "각자에게 그 행실대로 갚아 주실"(마태 16,27) 것입니다.

15. 그러나 내가 드리는 말씀은 세속 삶에서 시험을 받는 이들뿐 아니라 수도생활을 위해 산속에 암자를 지은 이들에게 하는 것이기도 합니다. 그들은 자기 육신을 불륜의 오염에서 지켜야 할 의무가 있을 뿐 아니라, 자기 영혼을 모든 악한 교만에서 지켜야 하기 때문입니다. 참으로 바오로 사도가 정결한 영혼은 육체와 영이 거룩해야 한다고 말할 때, 그는 여자들뿐 아니라 남자들과 전체 교회를 향해서도 말하는 것입니다. "순결한 처녀로 여러분을 바치십시오"(2코린 11,2). 얼마나 순결하게 말입니까? "티나 주름 같은 것 없이"

(에페 5,27) 말입니다. 실로, 등을 꺼뜨린 처녀들은(마태 25,8 이하 참조) 육신은 정결했으나 마음이 깨끗하지 않았습니다. 사내가 그들을 완전히 더럽히지는 않았지만, 돈에 대한 사랑이 그렇게 했습니다. 그들의 육신은 정결했으나 그들의 영혼은 불륜으로 가득 차 있었습니다. 탐욕과 잔인함, 분노와 시기, 게으름과 무관심, 교만한 생각들과 사악한 생각들이 거기 자리를 잡고는, 그들의 단아한 정결을 망가뜨렸기 때문입니다. 이런 까닭에 바오로는 "처녀는 몸으로나 영으로나 거룩해지려고"(1코린 7,34), 또 "여러분을 순결한 처녀로 바치려고"(2코린 11,2)라고 말했습니다.

16. 몸이 불륜으로 부정해지듯, 영혼은 악한 생각과 해로운 교설, 음란한 생각들로 더러워집니다. '나는 동정의 몸'이라고 말하면서 영혼으로 형제를 시기하는 사람은 동정이 아닙니다. 질투와의 잠자리가 그의 동정을 파괴합니다. 마찬가지로 허영심 센 사람도 동정인이 아닙니다. 시기라는 욕정이 그의 동정을 파괴했습니다. 욕정이 그의 영혼에 들어가 영혼의 동정을 없앴기 때문입니다. 자기 형제를 미워하는 사람은 동정인이라기보다는 살인자입니다. 대체로 모든 사람은 자신을 지배하는 사악한 욕정 때문에 동정이 허

물어집니다. 이런 까닭에 바오로는 이 모든 사악한 뒤섞임을 몰아내고, 우리 영혼을 거스르는 모든 생각을 기꺼이 받아들이지 않음으로써 동정인이 되라고 이릅니다.

제4장 영혼의 의사

17. 그러니 우리는 이런 일들에 대해 뭐라고 말해야 하겠습니까? 하느님의 자비를 우리가 어떻게 받아들여야 하겠습니까? 우리가 어떻게 구원받아야 하겠습니까? 내 생각에, 기도와 기도의 열매인 겸손과 온유를 언제나 우리 마음에 지녀야 할 것입니다. "나는 마음이 온유하고 겸손하니 내 멍에를 메고 나에게 배워라. 그러면 너희가 안식을 얻을 것이다"(마태 11,29)라고 그분께서 말씀하십니다. 마찬가지로 다윗도 "하느님께 맞갖은 제물은 부서진 영, 부서지고 꺾인 마음을 하느님께서는 업신여기지 않으십니다"(시편 51,19) 하고 말합니다. 온유하고 겸손하며 감사하는 영혼만큼 하느님께서 즐겨 받으시고 사랑하시는 것도 없습니다. 그러니 형제 여러분, 여러분도 조심하십시오. 뜻밖의 공격이나 방해를 받으면, 사람에게서 안식처를 찾지 말고, 죽을 운명의 인간에게서 도움을 구하지 마십시오. 이런 것들은 모두 무시하

고, 여러분의 생각을 통해 영혼의 의사에게 재빨리 달려가십시오. 우리 마음을 다 빚으시고 우리의 모든 행위를 헤아리시는(시편 33,15 참조) 그분께서만 우리 마음을 치유하실 수 있기 때문입니다. 그분만이 우리 양심에 들어가시어 우리 생각을 어루만지시고 우리 영혼을 위로하실 수 있으십니다. 그분께서 우리 마음을 위로하지 못하신다면, 인간이 할 수 있는 모든 일은 쓸데없고 무익한 일이 될 것입니다. 하느님께서 우리를 위로하시고 다시 평화롭게 하실 때, 인간이 수많은 문제로 우리를 괴롭힌다 해도 우리를 조금도 해코지할 수 없을 것입니다. 그분께서 우리 마음에 힘을 주실 때에는 누구도 그것을 흔들 수 없기 때문입니다.

18. 사랑하는 여러분, 우리는 이런 것들을 알고 있으니, 안식처를 찾아 언제나 하느님께 달려갑시다. 우리를 불행에서 기꺼이 건져 주려 하시고, 또 그렇게 해 주실 수 있는 그분께 달려갑시다. 우리가 인간에게 도움을 청하려면 먼저 문지기를 만나야 하고, 기생충 같은 사람들과 아첨꾼들에게 간청해야 하며, 먼 길을 떠나야 합니다. 그러나 하느님께는 이런 것들이 전혀 필요치 않습니다. 중개인이나 돈다발을 중간에 끼우지 않고 그저 그분께 간청하면 됩니다. 그

러면 그분께서 여러분의 청을 거저 들어주십니다. 그저 마음으로 외치고 눈물을 흘리면, 그분께서 곧바로 여러분 영혼에 들어와 도와주십니다. 사람에게 간청할 때, 우리는 종종 원수들이 있을까, 또는 친구나 다른 적들이 이 일을 들을까, 아니면 다른 누군가 말을 오해해서 완전히 정의를 왜곡할까 걱정합니다. 그러나 하느님께는 전혀 염려할 필요가 없습니다. 그분께서는 '나에게 간청하고 싶으면 아무도 없이 너 홀로 나에게 오너라. 입술도 열 필요 없이 네 마음으로 나에게 말하거라' 하고 말씀하십니다. "너는 골방에 들어가 문을 닫은 다음, 숨어 계신 네 아버지께 기도하여라. 그러면 숨은 일도 보시는 네 아버지께서 너에게 갚아 주실 것이다"(마태 6,6). 이 영예가 얼마나 뛰어난 것인지 주목하십시오. '나에게 간청할 때에는 아무도 너를 못 보게 하여라. 내가 너에게 영예를 줄 때는 온 세상이 그 은혜의 증인이 되게 하리라.' 그러니 하느님의 바람에 따릅시다. 보여 주려고, 또는 우리 원수들을 등지고 기도하지 맙시다. 우리가 그분께 도움의 방법을 가르칠 수 있다고 생각하는 교만에 빠지지도 맙시다. 우리가 우리의 문제를 변호사에게 알리면, 그들이 법적 조언을 하고 세속의 재판관들 앞에서 공식 발언하며 우리는 방어책을 찾는 일을 그들에게 다 맡기듯이(그들도 우리 일을 잘 처리하기를 바라기 때문에), 하느님께는 더더욱 이런 식으로 행동해야 합니다. 하느님께 여러분의 상처를 아뢰었습니까? 하느님께 여러분이 겪은 모든 괴로움을 말씀드렸습니까? 하느님께 일의 앞뒤 사정과 어떻게 나를 도와주셔야 하는지 말씀드리지 마십시오. 그분께서는 여러분에게 가장 좋은 것을 정확히 알고 계시기 때문입니다. 그런데 기도할 때 '주님, 저에게 육신의 건강을 주시고, 제 재산을 두 배로 불려 주시고, 제 원수를 물리쳐 주소서' 하며 똑같은 말을 수천 번 하는 사람들이 많습니다. 얼토당토않은 일입니다.

19. 우리는 이런 것들은 모두 떨치고 세리처럼 기도하고 간청해야 합니다. "오, 하느님! 이 죄인을 불쌍히 여겨 주십시오"(루카 18,13). 그러면 하느님께서는 여러분을 어떻게 도우실지 다 아십니다. 그분께서 "먼저 하느님의 나라를 찾아라. 그러면 이 모든 것도 곁들여 받게 될 것이다"(마태 6,33)라고 하십니다. 형제 여러분, 이렇게 우리는 세리처럼 우리 가슴을 치며 수고와 겸손으로 지혜를 추구합시다. 그러면 우리가 청하는 것은 무엇이든 얻게 될 것입니다. 그러나 우리

가 화와 분노로 가득 찬 채 기도한다면 하느님의 미움을 받고 하느님 앞에서 혐오스러운 존재가 될 것입니다.

20. 우리의 생각을 억누르고, 우리 영혼을 낮추며, 우리 자신을 위해 또 우리에게 상처 준 이들을 위해 기도합시다. 심판관께서 여러분의 영혼을 도와주시고 여러분 편이 되시도록 설득하려거든, 여러분을 슬프게 하는 사람과 그분을 서로 맞서게 하지 마십시오. 심판관께서는 누구보다도 원수들을 위해 기도하는 이들, 원한을 품지 않는 이들, 원수들에 맞서 들고 일어나지 않는 이들의 청을 들어 허락하시기 때문입니다. 그러나 그들이 계속 뉘우치지 않는다면, 하느님께서는 그들과 더 격렬히 싸우실 것입니다.

제5장 인간의 나약함과 하느님의 위로

21. 형제 여러분, 조심하십시오. 어떤 사람이 우리를 욕되게 할 때, 곧장 미움과 분노로 치밀어 오르지 않도록 합시다. 그보다 지혜를 구하고 감사를 드리며, 주님의 도우심을 기다립시다. 하느님께서는 혹시 우리가 청하기 전에 축복을 주실 수는 없을까요? 어쩌면 그분께서는 고통 없는 삶, 시련이 전혀 없는 삶을 주실 수는 없을까요? 그러나 하느님

께서는 아버지의 사랑으로 둘 다 주십니다. 다시 말하지만, 왜 하느님께서는 우리가 억압받도록 물러나 계시고 재빨리 구해 주시지 않으십니까? 우리가 언제나 당신 곁에 머물도록, 당신 도우심에 매달리도록, 당신께 도망쳐 안식처를 찾고 당신께서 우리를 구하러 오시도록 끊임없이 청하게 하시려는 것입니다.

22. 그래서 몸에는 고통과 불임과 역병이 따릅니다. 이러한 시련들을 통해 우리가 언제나 그분께 붙어 있고, 지나가는 고통들을 통해 우리가 영원한 생명을 상속받도록 하시려는 것입니다. 이런 것들에 대해서도 우리는 하느님께 감사를 드려야 합니다. 하느님께서는 여러 계획을 통해 우리 영혼을 치유하시고 구원하시기 때문입니다. 실제로, 사람들이 어쩌다 우리에게 도움이 되다가도 나중에 우리가 그들에게 조금이라도 상처 입히고 슬프게 하면, 그들이 베푼 유익은 곧바로 그 빛을 잃으며 많은 것이 무너지고 완전히 망가집니다. 그러나 하느님은 이런 식으로 행동하시지 않습니다. 대신 그분께서는 은혜를 베푸신 다음 멸시받고 모욕을 받으시더라도 한결같이 계시며, 거짓되게 당신을 대하는 이들을 바로잡으십니다. '내 백성아, 내가 너희에게 무슨

짓을 했느냐?' 그들은 그분을 하느님이라 부르지 않으려 했으나, 하느님께서는 그들을 당신 백성이라 부르기를 멈추지 않으십니다. 그들은 하느님의 주권을 저버렸지만, 하느님께서는 그들을 포기하지 않으시고 여전히 당신 사람으로 여기시며 당신 곁으로 가까이 이끄십니다. 그리고 이렇게 말씀하십니다. '내 백성아, 내가 너희에게 무슨 짓을 했느냐? 내가 너희에게 부담스럽거나 지겹거나 짐스러웠느냐? 그렇다 해도 너희는 이렇게 말해서는 안 된다. 설사 그렇다 해도, 아직 너희는 나에게서 멀리 떠나가서는 안 되기 때문이다.' "아버지에게서 훈육을 받지 않는 아들이 어디 있습니까?"(히브 12,7). 여러분은 이런 말을 해서는 안 됩니다.

23. 다른 곳에서는 이렇게 말씀하십니다. "너희 조상들이 나에게서 무슨 허물을 찾아냈느냐?"(예레 2,5). 이는 엄청나고 놀라운 말씀입니다. 그분의 말씀은 이런 뜻이기 때문입니다. '내가 무슨 잘못을 저질렀느냐?' 하느님께서 인간에게 '내가 무슨 죄를 지었느냐?' 하고 물으십니다. 하물며 종도 주인이 이렇게 말하면 견딜 수 없을 정도입니다. 그분은 '내가 너희에게'가 아니라 '너희 조상들에게' 무슨 죄를 지었냐고 말씀하십니다. '그러나 너는 나에게 조상의 원한이 있다

참회에 관한 설교

고 말할 권리가 없다. 나는 너희 조상들에게 작은 경멸이든 큰 멸시든 나의 섭리를 비난하는 것을 결코 허락하지 않았기 때문이다.' 그분은 단순히 '너희 조상들이 무엇을 갖고 있기에'라고 하지 않으시고, '너희 조상들이 무엇을 찾아냈느냐? 그들은 많은 것을 구했고, 내 인도 아래 사는 세월 내내 많은 일들을 겪었다. 그러나 그들은 나에게서 아무런 허물도 찾지 못했다'라고 하셨습니다. 그러므로 이 모든 일을 생각하여 우리는 끊임없이 하느님에게서 안식처를 찾읍시다. 나약해질 때마다 그분의 위로를, 불운을 당하면 그분의 구원을, 유혹을 당할 때마다 그분의 자비와 도우심을 청합시다. 아무리 큰 위험도, 아무리 엄청나 보이는 불행도 그분께서는 모두 없애시고 쫓아내실 수 있습니다. 그분의 선하심은 우리에게 이것만이 아니라, 모든 안전과 힘과 좋은 평판과 육신의 건강과 영혼의 지혜와 희망을 주시고 쉽게 죄짓지 않게 해 주십니다. 그러니 배은망덕한 종들처럼 불평하거나 주님을 비난하지 맙시다. 오히려 모든 것에 그분께 감사하며 딱 하나, 그분을 거슬러 죄짓는 것만 두려워합시다.

24. 우리가 하느님을 이렇게 대할 때, 질병도 가난도 모욕도 흉작도, 고통으로 여겨지는 그 어떤 것도 우리를 찾지 않

을 것입니다. 우리는 언제나 깨끗하고 순수한 기쁨을 누리며, 우리 주 예수 그리스도의 은총과 사랑 덕분에 우리는 미래의 축복을 누리기에 합당하다고 여겨질 것입니다. 성부와 성령과 더불어 우리 주 그리스도께 영광이 이제와 영원히 세세대대로 있나이다. 아멘.

다섯째 설교 단식과 요나, 다니엘과 세 젊은이

제1장 단식, 은총의 때

1. 오늘 우리 축제는 기쁨의 빛이 가득하고, 회중은 여느 때보다 더 눈부십니다. 그 이유가 어디 있을까요? 이러한 성취는 단식이 이룬 것입니다. 현재의 단식이 아니라 우리가 기다리고 있는 단식입니다. 이 단식은 우리를 아버지의 집으로 모아들였습니다. 오늘 이 단식은 예전에 게을러빠졌던 이들까지 교회의 어머니 품으로 돌려보냈습니다. 단식에 대한 기대가 우리의 열정을 이렇게 달아오르게 한다면, 실제로 단식이 나타나 우리를 보살핀다면 우리 안에 얼마나 큰 신심을 일으킬까요? 단식이라는 무시무시한 사령관이 의기양양하게 도성에 입성하려 할 때면, 모두들 게으름을 걷어치우고 서둘러 들어갑니다.

2. 단식이 무서운 사령관이라는 소리에 겁먹지 마십시오.

단식은 우리에게가 아니라 마귀의 본성에게 끔찍한 것이기 때문입니다. 간질 발작을 하는 사람이 있으면 그에게 단식의 얼굴을 보여 주십시오. 그러면 그는 얼어붙을 것이고, 두려움 때문에 이 바위들보다 더 꼼짝 못하게 될 것이며, 마치 족쇄가 채워진 것처럼 보일 것입니다. 서로 떼려야 뗄 수 없는 자매지간인 기도와 단식이 결합된 것을 보면 더더욱 그렇게 됩니다. 그래서 그리스도께서는 "그런 것은 기도와 단식이 아니면 나가지 않는다"(참조: 마태 17,(21); 마르 9,29)라고 말씀하십니다. 단식은 우리 구원에 맞서는 원수들을 이렇게 쫓아내고 우리 삶의 원수들에게 이렇게 끔찍한 것이니, 우리는 단식을 두려워할 것이 아니라 소중히 여기고 품어 안아야 합니다. 우리가 두려워해야 할 것은 과음과 폭식이지 단식이 아닙니다. 과음과 폭식은 우리 손을 등 뒤로 묶고는, 위험하기 짝이 없는 정부情婦를 닮은 욕정의 폭군에게 종과 포로로 굴복시킵니다. 그러나 단식은 노예이자 죄수인 우리를 보고는 우리의 결박을 풀고 폭군에게서 구해 냅니다. 단식은 우리를 본디의 자유 상태로 회복시킵니다. 그분께서는 우리 원수들도 물리치시고 우리를 폭군에게서 구하시며 우리를 본디의 자유로 되돌리시는데, 여러분은 우리 인

참회에 관한 설교

간을 향한 그분의 사랑에 대해 어떤 더 큰 다른 증거를 찾고 있습니까? 자신이 하는 일을 미워하면서도 사랑한다면 그것이 사랑을 가장 잘 드러내는 길일 텐데 말입니다.

제2장 참회를 위한 단식

3. 단식이 인간을 얼마나 아름답게 꾸며 주는지 알고 싶습니까? 단식이 우리를 얼마나 위험에서 지켜 주고 보호해 주는지 알고 싶습니까? 당부하건대, 복되고 훌륭한 수도승들을 생각해 보십시오. 그들은 소란을 피해 산꼭대기로 재빨리 달음질쳤습니다. 그들은 마치 안전한 항구에 정박하듯 적막한 사막에 오두막을 지었습니다. 그리고 한평생 단식을 벗 삼으며, 함께 성체를 받아 모시는 동지로 여겼습니다. 그리하여 단식은 인간인 그들을 천사들로 만들어 주었습니다. 그들뿐 아니라 도시에서도 단식을 따르는 많은 이를 모두 하느님 지혜의 높이까지 들어 높였습니다. 마찬가지로, 구약 예언자들의 기둥인 모세와 엘리야는 다른 덕에서나, 인간으로서 가능한 만큼 최대한 하느님께 다가가 그분과 대화하는 담대함에서나 모두 뛰어나고 대단했지만, 단식을 피신처로 삼아 그 힘으로 하느님께 다가갔습니다.

이런 까닭에 하느님께서는 처음에 사람을 만드실 때, 그를 곧바로 단식의 손에 넘겨 단식에게 맡기셨습니다. 또한 마치 다정한 어머니요 뛰어난 교사에게 맡기듯 단식에게 인간의 구원을 맡기셨습니다. "너는 동산에 있는 모든 나무에서 열매를 따 먹어도 된다. 그러나 선과 악을 알게 하는 나무에서는 따 먹으면 안 된다"(창세 2,16)라는 명령은 단식에 관한 명령이었기 때문입니다. 이처럼 낙원에서도 단식이 의무였다면 낙원 밖에서는 더더욱 그러합니다. 상처가 생기기 전에 약이 유용하다면 상처가 생긴 다음에는 더더욱 유용합니다. 욕정과의 전쟁과 마귀들과의 큰 전투가 시작되기 전에 우리에게 무기가 필요하다면, 단식이라는 방어막은 더더욱 없어서는 안 될 것입니다. 아담이 이 말씀(창세 2,16 참조)을 새겨들었다면, "너는 먼지이니 먼지로 돌아가리라"(창세 3,19)라는 두 번째 말씀을 듣지 않아도 되었을 것입니다. 그러나 그가 그 목소리에 순종하지 않았기에, 죽음과 걱정, 고생과 나약함, 죽음보다도 훨씬 더 버거운 삶이 인류에게 닥쳤습니다. 이것이 가시와 엉겅퀴가 생겨난 까닭입니다. 이것이 수고와 고통, 고생으로 힘겨운 삶이 생겨난 이유입니다.

참회에 관한 설교

4. 단식을 하찮게 여기면 하느님께서 얼마나 언짢아하시는지 아시겠습니까? 단식이 존중받을 때 그분께서 얼마나 기뻐하시는지도 깨달으십시오. 단식이 푸대접받을 때 건방진 사람에게 죽음을 벌로 내리신 하느님께서는, 단식이 다시 존중받자 죽음을 거두셨습니다. 이 중요한 일이 지닌 힘을 보여 주시기 위해 하느님께서는, 체포되어 수송 중에 있는 죄수들을 낚아채서 발길을 되돌려 생명으로 나아가도록 선고할 수 있는 권한을 단식에 주셨습니다. 두 명, 세 명, 스무 명에게 이렇게 하신 것이 아니라, 지옥 영벌의 구덩이에 무릎 꿇고 절하다가 천벌을 받기 직전이던 큰 성읍 니네베의 모든 사람, 모든 주민에게 이렇게 하셨습니다. 니네베의 잘못을 감독하는 천상의 권능처럼 단식은 그 성읍을 이 죽음의 문턱에서 구출하여 되살렸습니다. 여러분이 원한다면, 이 이야기도 들어 봅시다. "주님의 말씀이 아미타이의 아들 요나에게 내렸다. '일어나 저 큰 성읍 니네베로 가라'"(요나 1,1). 곧바로 하느님께서는 요나를 큰 성읍 니네베로 보내시어 창피를 주고자 하셨습니다. 이 예언자가 도망치리라는 것을 미리 보셨기 때문입니다. 그러나 선포도 들어 봅시다. "이제 사흘⁵이 지나면 니네베는 무너진다"(요나 3,4 참

조). 하느님, 어찌하여 당신께서는 니네베에 내리실 고통을 미리 알려 주십니까? '내가 선포한 대로 하지 않으려는 것이다.' 그래서 그분은 지옥으로 위협하셨습니다. 아무도 지옥으로 이끌지 않으시기 위해서입니다. 그분께서는 '너희가 들은 말씀을 두려워하되, 이미 일어난 일을 두고 슬퍼하지 마라' 하고 말씀하십니다. 어째서 그분께서는 약속된 시간을 단 사흘로 정하실까요? 여러분이 야만인들의 덕도 배우게 하시고 — 내가 니네베 사람들을 야만인이라 일컫지만, 그들은 죄가 불러온 그토록 큰 분노를 사흘 안에 없앨 수 있었습니다 — 또한 하느님의 인간에 대한 사랑에 여러분이 놀라게 하시려는 것입니다. 그분께서는 그 숱한 죄에도 사흘의 참회로 만족하셨습니다. 여러분이 수많은 죄를 지었다 해도 절망에 빠지지 않게 하시려는 것입니다.

5. 나태하고 거만한 사람은 자기 영혼을 위해서 대단한 일을 하지도 않고, 참회를 위한 분명한 기간이 길게 주어져도 게을러서 하느님과 화해하지도 않습니다. 반면, 활동적이고 열성적인 사람은 큰 열정으로 자신의 참회를 드러내며 오랜 기간에 걸친 잘못들을 한 번의 결정적 순간에 지워버릴 수 있습니다. 베드로는 그리스도를 세 번 모른다고 하

지 않았습니까? 세 번째에는 저주의 말을 내뱉지 않았습니까? 한낱 하녀의 말을 두려워하지 않았습니까? 그리고 어찌 되었습니까? 그가 참회하기까지 여러 해가 걸렸습니까? 천만에요. 그는 실수했지만, 바로 그날 밤에 돌아왔습니다. 그는 상처와 약을 받아들였습니다. 그는 병들었다가 곧바로 건강을 되찾았습니다. 어떻게, 도대체 어떻게 그리됐습니까? 그는 울며 슬퍼했습니다. 아니, 그는 그냥 운 것이 아니라 아파하며 절절하게 울었습니다. 그래서 복음사가는 그냥 베드로가 울었다고 하지 않고, "슬피 울었다"(마태 26,75)라고 합니다. 어떤 말도 그 흐르는 눈물의 위대한 힘을 뼈저리게 느끼게 할 수 없다는 말입니다. 그러나 결과가 이 사실을 분명히 밝혀 줍니다. 그 슬픈 재앙 — 예수님을 모른다고 부인한 것에 비길 만한 악은 없으니 말입니다 — 이 지난뒤, 그분께서는 그를 본디의 존귀함으로 회복시키셨고 그에게 보편 교회의 권한을 맡기셨습니다. 무엇보다도 그분께서는 모든 사도들 가운데 그가 스승에 대한 가장 큰 사랑을 지니고 있었음을 입증하셨습니다. 그분께서 "베드로야, 너는 이들이 나를 사랑하는 것보다 더 나를 사랑하느냐?"(요한 21,15) 하고 베드로에게 물으십니다. 이것만으로도 덕에 맞먹는 존중을 보여 주십니다. 그리스도께서 야만스럽고 몰지각한 민족인 니네베 사람들에게 호의를 베푸신 것이 당연하다고 말할 수는 없을 것입니다["그러나 주인의 뜻을 모르고서 매 맞을 짓을 한 종은 적게 맞을 것이다"(루카 12,48)라고 하셨지요]. 그분께서는 베드로를 자기 주인의 뜻을 아주 잘 아는 종으로 모두 앞에 내세우십니다. 그러나 그가 죄를 지었을 때 ─ 사실 죄 중에 가장 큰 죄였지요 ─ 얼마나 대담하게 올라갔는지 보십시오. 그러니 여러분도, 죄 때문에 떨어지지 마십시오.

6. 죄에서 가장 나쁜 것은 죄를 계속 짓는 것이며, 재앙에서 가장 끔찍한 것은 송장처럼 죄 안에 머무는 것입니다. 바오로가 흐느끼고 슬피 우는 것은 바로 이 때문입니다. 그는 이것이 가장 끔찍한 슬픔이라고 말합니다. "내가 여러분에게 갔을 때에 나의 하느님께서 여러분 앞에서 나에게 창피를 주지나 않으실까", 죄를 지은 이들뿐 아니라 "전에 죄를 짓고도 자기들이 저지른 그 더러운 짓과 불륜과 방탕을 회개하지 않는 많은 이들 때문에 내가 슬피 울게 되지나 않을까 하는 것입니다"(2코린 12,21). 단식의 시기보다 참회에 더 적절한 때가 어디 있겠습니까?

7. 이야기로 돌아가 봅시다. "그러나 이 말씀을 듣고 요나는 주님을 피하여 타르시스로 달아나려고 길을 나서 야포로 내려갔다"(요나 1,3). 아, 사람아, 당신은 어디로 도망가고 있습니까? "당신 얼을 피해 어디로 가겠습니까? 당신 얼굴 피해 어디로 달아나겠습니까?"(시편 139,7). '땅으로 도망칠까?' 그러나 "주님 것이라네, 세상과 그 안에 가득 찬 것들"(시편 24,1). '저승으로 달아날까?' "저승에 잠자리를 펴도 거기에 당신 또한 계십니다"(시편 139,8). '하늘로 올라갈까?' "제가 하늘로 올라가도 거기에 당신 계십니다"(시편 139,8). '바다로 달아날 수 있을까?' "거기서도 당신 오른손이 저를 붙잡으십니다"(시편 139,10). [요나에게도] 똑같은 일이 일어났습니다. 죄란 그런 것입니다. 죄는 우리 영혼을 엄청난 몰지각으로 내몹니다. 무거운 머리와 숙취로 괴로워하는 이들이 목적 없이 빙빙 돌듯이(깊은 구렁이든 낭떠러지든 그들이 빠져 있는 것이 무엇이든 간에, 그들은 무장해제 상태로 그 안으로 곤두박질칩니다), 마찬가지로, 죄에 빠져드는 이들은 마치 숙취로 괴로워하는 이들처럼, 죄받을 행동에 대한 갈망으로 자신들이 무슨 짓을 하고 있는지 모릅니다. 그들은 현재도 미래도 내다보지 못

합니다.

8. 혹시 여러분은 스승님에게서 달아나고 있습니까? 조금만 있으면 여러분은 그분의 종인 바다의 손에서도 빠져나올 수 없다는 것을, 돌아가는 상황을 보고 알게 될 것입니다. 요나가 배에 발을 들이자마자, 바다는 그 물결을 드높이며 출렁거렸습니다. 사려 깊은 하녀가 동료 종이 자기 주인에게서 뭔가를 훔쳐 도망쳤음을 알고는 앞서 언급된 것처럼 들고일어나는 대신 자기가 그를 잡아 돌려보낼 때까지 그를 사로잡은 이들을 수많은 역경을 겪게 하는 것처럼, 바다는 동료 종을 발견하자 그를 알아보았습니다. 바다는 뱃사람들 앞에 수천수만의 장애물을 마련했습니다. 바다는 뱃사람들을 자극하고, 소리쳤습니다. 바다는 그들을 법정으로 끌고 가지는 않았습니다. 그러나 동료 종을 내놓지 않으면 배를 고스란히 잠기게 하겠다고 협박했습니다. 그러자 이런 사정을 알고 뱃사람들은 어떻게 했습니까? 성경은 이렇게 전합니다. "그러자 뱃사람들이 배를 가볍게 하려고 안에 있는 짐들을 바다로 내던졌지만 배는 전혀 가벼워지지 않았다"(요나 1,5 참조). 짐인 예언자의 몸이 여전히 거기 고스란히 있었기 때문입니다. 예언자의 몸은 육신의 본성에 따

라서가 아니라 죄의 무게 때문에 무거운 짐이었습니다. 죄와 불순종만큼 짊어지기에 무겁고 부담스러운 것도 없습니다. 이런 까닭에 즈카르야는 이를 납 덮개에 빗대어 묘사했습니다(즈카 5,7 참조). 그리고 다윗은 그 본성을 묘사하기 위해 이렇게 말했습니다. "저의 죄악들이 제 머리 위로 넘쳐흐르고 무거운 짐처럼 저에게는 너무나 무겁습니다"(시편 38,5). 그리스도께서는 죄의 상태에서 살아가는 이들에게 자주 말씀하십니다. "고생하며 무거운 짐을 진 너희는 모두 나에게 오너라. 내가 너희에게 안식을 주겠다"(마태 11,28). 그러니 그때 죄가 배를 무겁게 짓눌러 가라앉히려 하고 있었습니다. 그러나 요나는 잠들어 코를 골고 있었습니다. 그의 깊은 잠은 쾌락 때문이 아니라 슬픔 때문이었고, 긴장이 풀려서가 아니라 나약함으로 말미암은 것이었습니다. 사려 깊은 종들은 자기 죄를 금방 깨닫는 법입니다. 요나도 그랬습니다. 그는 죄를 짓고 나자 그 죄의 끔찍함을 깨달았습니다. 죄는 그런 것이라, 한 번 생겨난 다음에는 그것을 낳은 영혼이 극심한 산고를 겪게 합니다. 인간의 출산 원리와는 반대이지요. 우리가 태어나면 산고는 대번에 끝납니다. 그러나 죄는 생겨나면 그것을 낳은 생각을 고통으로 갈기갈기

찢어 놓습니다. 배의 선장은 어떻게 했습니까? 그는 요나에게 다가가 말했습니다. "일어나 당신 신에게 부르짖으시오"(요나 1,6). 선장은 경험상 이 폭풍이 일상적인 것이 아니라 하느님께서 보내신 타격이라는 것을, 요동치는 바다가 인간의 기술보다 훨씬 뛰어나다는 것을, 키잡이의 손은 아무 소용 없다는 것을 알고 있었습니다. 이런 상황에서는 더 훌륭한 선장, 온 세상을 통제할 수 있는 사람이 필요했고, 위에서 오는 도움이 필수적이었습니다. 이런 까닭에 그들은 노와 돛과 밧줄과 모든 것을 버리고, 손을 거두어 하늘로 뻗어 올려 하느님께 간청했습니다. 그래도 아무 변화가 없자, "그들은 제비를 뽑았다"(요나 1,7)고 성경은 전합니다. 제비뽑기로 누구 탓인지가 드러났습니다. 그때도 그들은 요나를 잡아 바다에 던지지는 않았습니다. 그런 소란과 혼란이 그들을 압박했지만, 그들은 대단한 평온을 누리고 있는 것 같습니다. 그들은 배 위에 법정을 꾸리고 요나를 고발하고 소환하여 소명할 기회를 줍니다. 그런 다음 그들은 자신들의 판결을 다른 누군가에게 설명할 의무라도 있는 듯 모든 것을 꼼꼼하게 검토했습니다. 법정에서 이 모든 사안을 검토한 그들의 말을 들어 봅시다. '당신은 무엇하는 사람이고 어디서 오는 길이오? 당신은 어디로 가는 길이오? 당신은 어느 나라 사람이며 어느 민족이오?' 바다가 그 거센 공격으로 요나를 고소하고 제비뽑기가 그에게 유죄판결을 내리고 분명히 증언을 했건만, 그들은 바다의 외침이나 제비뽑기의 적극적 증언을 바탕으로 판결을 내리지 않았습니다. 법정에서처럼, 재판관들은 ― 고소인들이 출석하고 증인들이 대기하고 있으며 신문이 이루어지고 있을 때 ― 성급하게 결정을 내리지 않고 피고인이 스스로 자기 죄의 고소인이 될 때까지 기다립니다. 비록 야만스럽고 몰지각한 뱃사람들이었지만 여기서는 법정의 질서를 본떴습니다. 두려움이 그토록 크고, 파도가 그토록 극심했으며, 주변의 소란이 그토록 엄청나서 바다 때문에 숨을 고를 수도 없었다면(바다는 엄청난 소동을 일으켰고 맹렬히 포효하며 격분했으며, 파도가 저 높이 세차게 솟구쳐 올랐습니다), 사랑하는 여러분, 예언자의 그 대단한 선견지명은 대체 어디서 왔습니까? 하느님의 경륜에서입니다. 하느님께서는 이런 일들이 일어나게 하시어 예언자가 이를 통해 인간을 사랑하고 차분해지는 법을 배우게 하셨습니다. 그분께서는 그에게만 외쳐 말씀하셨습니다. '뱃사람들을 본받아라. 단 한 사람의 영혼도 하찮게 여기지 않고 단한 사람, 너의 몸도 소홀히 하지 않는 순진한 저들을 본받아라. 그런데 너는 수많은 주민이 있는 성읍 전체를 멸망하도록 둘 셈이었다. 이 뱃사람들은 자신들이 맞닥뜨린 모든 악에 책임이 있는 이를 찾아내고도 달려들어 비난하지 않았다. 그러나 너는 니네베 사람들이 너에게 아무 비난도 하지 않았는데도 그들을 단죄하고 전멸시키려 했다. 내가 너에게 그리로 가서 선포하여 그들을 구원으로 다시 모아들이라고 했을 때 너는 순종하지 않았다. 그들은 아무 책임이 없는데도, 책임이 있는 네가 벌을 받지 않도록 온갖 수고를 하고 애를 썼다.' 바다가 그를 단죄하고 제비뽑기가 그를 까발렸으며, 그가 자기 탓임을 밝히고 자기가 도망쳤음을 고백했을 때에도, 그들은 예언자를 성급하게 없애지는 않았습니다. 오히려 그들은 관용과 절제를 보여 주며 그를 바다의 격노에서 보호하려고 갖은 노력을 기울였습니다. 그러나 바다는 이마저 허락하지 않았고, 더욱이 하느님께서 이를 허락지 않으셨습니다. 하느님께서는 고래를 통해서 그렇게 하셨듯이 뱃사람들을 통해서도 그를 정신 차리게 하고자 하셨기 때문입니다. 이런 까닭에 그들은 "나를 들어 바다에 내던지시오. 그러면 바다가 잔잔해질 것이오"(요나 1,12)라는 말을 들었을 때, 비록 파도가 이를 허락하지 않기는 했으나 뭍으로 되돌아가려고 노를 힘껏 저었습니다.

제4장 단식의 힘

9. 그러나 여러분, 예언자가 달아나는 것을 보았으니 이제 짐승 배 속에서 그가 기도하는 소리에도 귀를 기울여 보십시오. 하나는 예언자가 인간으로서 겪은 것이고, 다른 하나는 예언자로서 보여 준 것이었습니다. 그래서 바다는 그를 데려가서, 감옥 같은 고래 배 속에 가두었습니다. 그리고 바다와 고래는 주인을 위해 도망자가 살아남게 지켜 주었습니다. 맹렬한 파도는 그를 데려가 삼키지 못했고, 파도보다 더 사나운 고래는 그를 자기 배 속에 넣고 완전히 죽이지는 않았습니다. 오히려 고래는 그를 살려 성읍으로 되돌려 보냈습니다. 바다와 고래 모두 자신의 본성을 거슬러, 예언자가 이를 통해 배우게 했습니다. 그는 성읍에 와서, 처벌 내용이 담긴 왕의 교서를 읽듯 판결을 선포했습니다. "이제 사흘[6]이 지나면 니네베는 무너진다!"(요나 3,4 참조). 사람들은 이를 들었습니다. 사람들이 이를 믿기는 어렵지 않았습니다. 그들은 이를 흘려듣지 않았습니다. 그들 모두 — 남자

와 여자, 종과 주인, 지도자와 추종자, 아이와 노인들 — 곧바로 하나의 길을 택했습니다. 단식의 길입니다. 이성이 없는 짐승의 본성도 이 일에서는 서툴지 않았습니다. 온통 자루옷이고, 온통 잿더미고, 온통 눈물과 탄식이었습니다. 왕관을 쓴 이도 왕좌에서 내려와 자루옷을 입고 재를 뒤집어썼고, 이렇게 성읍을 위험에서 구했습니다. 자루옷이 자줏빛 용포의 명성을 능가하는 이 역설을 보십시오. 자줏빛 옷은 이길 수 없었지만, 자루옷은 이겼습니다. 단식이 아니라 과음과 폭식을 두려워해야 한다는 말이 괜한 소리가 아님을 아시겠습니까? 과음과 폭식은 견고했던 성읍을 흔들어 놓았고 이제 곧 뒤집어 놓을 참이었습니다. 단식은 그 성읍이 비틀거리며 무너지려 할 때 군건히 지켜 주었습니다.

10. 다니엘은 단식이라는 벗과 함께 사자 굴에 들어갔다가, 마치 사자들은 온순한 양이고 자신은 사자들의 친척인 듯 그 굴에서 나왔습니다. 이 짐승들은 분노로 들끓어 있었고 죽일 듯 쏘아보았지만, 준비된 식탁을 건드리지도 않았습니다. 사납기로 으뜸가는 그 짐승들의 본성이 그들을 흥분시켰고 이레 동안 먹지 못해 허기가 그들을 부추겼지만, 짐승들은 마치 조련사가 안에 앉아서 예언자의 옆구리를

건드리지 말라고 소리치고 있는 것처럼, 그 먹잇감을 존중했습니다. 세 젊은이도 단식과 함께 바빌론의 불가마에 들어갔고, 이 불과 더불어 지내다가 불가마에서 걸어 나왔습니다. 그러나 그 불이 정말 불이었다면 어떻게 불이 마땅히 할 일을 하지 않았을까요? 그 몸들이 참으로 몸이었다면 어떻게 육신이 마땅히 겪을 고통을 겪지 않았을까요? 어떻게 그랬을까요? 단식에게 물어보면 답해 줄 것입니다. 단식이 여러분의 수수께끼를 풀어 줄 것입니다. 이는 참으로 수수께끼입니다. 육신의 본성이 불의 본성과 싸우고 있었는데, 육신의 본성이 승리했으니 말입니다.

11. 그런 역설적 전투를 본 적 있습니까? 그런 역설적 승리를 본 적 있습니까? 단식에게 경탄하며 두 팔 벌려 단식을 받아들이십시오. 단식은 불가마에서도 도와주고, 사자굴에서도 지켜 주며, 마귀를 쫓아내고, 하느님의 판결까지 취소시키며, 욕정의 광기를 억누르고, 우리를 다시 자유롭게 하며, 우리가 아주 평온하게 생각할 수 있도록 합니다. 이렇게 많은 유익을 손에 쥐고 있는 단식을 피하고 두려워한다면, 완전히 정신 나간 짓 아닙니까? 단식이 우리 몸을 괴롭히고 병들게 한다고들 합니다. 그러나 외적 인간이 쇠

퇴해 가는 만큼, 내적 인간은 나날이 새로워집니다(2코린 4,16 참조). 더욱이 여러분이 이 문제를 자세히 살펴보면 단식은 우리 건강의 어머니임을 알게 될 것입니다. 내 말을 못 믿 겠거든 의사들에게 물어보십시오. 그러면 의사들은 방탕과 폭식이 바로 발의 통증과 두통, 중풍, 결핵, 부종, 체액의 질 환, 종기를 비롯한 온갖 질병의 어미라고 분명히 일러 줄 것 입니다. 분명 육신의 건강과 영혼의 예지를 파괴하는 이러 한 질병은 방탕과 폭식이라는 가장 사악한 샘에서 흘러나 오는 악한 시냇물입니다.

제5장 단식의 유익

12. 그러니 우리를 수많은 악에서 구해 주는 단식을 두려 워하지 맙시다. 괜히 이리 조언하는 게 아닙니다. 자진해서 난잡한 여자에게 넘어가고 싶어 하는 듯한 사내들을 많이 봅니다. 그들은 이렇게도 망설이고 머뭇거리며 오늘 만취 와 폭식으로 스스로 파멸합니다. 그래서 조언하는 것입니 다. 여러분이 단식에서 비롯하는 내적 유익을 폭식과 만취 로 대체하지 않도록 말입니다. 실제로 위장병이 있는 이들 은 쓴 약물을 삼키려 할 때 먼저 영양분으로 속을 채운 다음

약을 먹습니다. 그들은 쓴맛을 참아 내고도 유익을 잃어버렸습니다. 몸을 완전히 망가뜨리는 나쁜 체액에 맞서는 약물의 싸움을 더욱 힘겹게 만들기 때문입니다. 그래서 노련한 의사들은 그들에게 먹지 말고 자라고 시킵니다. 아예 처음부터 약 기운이 나쁜 체액과 곧바로 싸움을 시작할 수 있도록 하라는 것입니다. 단식도 마찬가지입니다. 여러분이 오늘 술에 진창 취해 있다가 내일 단식이라는 약을 먹는다면, 아무 소용 없는 헛일입니다. 여러분은 수고로움을 잘 이겨 내고도 그 행위의 유익은 거두지 못합니다. 만취에서 갓 태어난 악이 단식의 힘을 다 써 버리기 때문입니다. 단식을 통해 몸을 최대한 가볍게 만들고 맑은 정신으로 이 약을 삼킨다면 많은 묵은 죄들을 씻어 낼 수 있을 것입니다. 그러니 만취 상태에서 단식으로 회복하지도 말고, 단식 뒤에 다시 만취로 돌아가지도 맙시다. 이는 병든 육신이 병상에서 일어나기는 했지만, 한 발자국 만에 다시 넘어져서 더 심하게 다치는 것에 비길 수 있습니다. 단식의 시작이든 끝이든 어디서든지, 우리가 단식으로 일구어 놓은 깨끗함 위에 만취라는 먹구름의 그림자를 드리운다면 우리 영혼에도 똑같은 일이 일어납니다. 짐승들과 몸싸움을 벌이려는 사람들이 우선 여러 무기와 방패로 자신의 주요 장기들을 보호한 다음 싸움에 임하는 것처럼, 단식과 한판 겨루려고 할 때 마치 짐승과 싸우듯 폭식으로 자신을 든든하게 무장하는 사람들이 많습니다. 음식으로 미어터져 현기증이 날 지경에 이른 그들은 정신이 혼미한 채 단식의 부드럽고 차분한 눈길을 마주합니다. 내가 여러분에게 '당신은 오늘 왜 목욕탕에 갑니까?' 하고 물으면, '깨끗한 몸으로 단식에 들어가기 위해서지요' 하고 대답하겠지요. 또 내가 '왜 술에 취해 있습니까?' 하고 물으면, '단식에 들어갈 예정입니다' 하고 대답하겠지요. 깨끗한 몸, 그러나 더럽고 술에 취한 영혼으로 이 가장 아름답고 경사로운 잔치를 맞는다는 것이 이상하지 않습니까?

13. 아직 할 이야기가 많지만, 이 정도 이야기로도 건전한 이들의 교화에는 충분합니다. 나는 이만 설교를 끝내야겠습니다. 우리 아버지의 목소리를 듣고 싶기 때문입니다. 우리는 어린 목동들처럼, 참나무나 미루나무 그늘 같은 이 거룩한 건물 아래 앉아 목동의 작은 피리를 붑니다. 그는 뛰어난 연주자처럼 금빛 수금의 화음으로 온 극장을 흥분시키고, 자신의 말과 행동의 화음으로 우리에게 영감을 불어넣

어 커다란 유익으로 이끕니다. 그리스도께서는 그런 교사들을 바라십니다. 그분께서 말씀하십니다. "하느님의 계명들을 지키고 또 그렇게 가르치는 이는 하늘나라에서 큰사람이라고 불릴 것이다"(마태 5,19 참조). 이런 까닭에 그는 하늘나라에서 큰사람입니다. 그의 기도와 모든 모임들의 기도로, 또 우리 주 예수 그리스도의 은총과 인간을 향한 사랑으로, 우리도 하늘나라에 맞갖게 되기를 바랍니다. 성부와 성령과 더불어 우리 주 예수 그리스도께 모든 영광이 이제와 영원히 세세대대로 있나이다. 아멘.

제1장 단식의 열매

1. 이 영적 바다의 물결은 우리에게 얼마나 즐거운지, 파도의 일렁임보다도 얼마나 더 즐거운지요! 파도는 바람의 무질서로 생기는 것이지만, 영적 바다의 물결은 청중의 열망으로 말미암은 것입니다. 바다의 파도는 최고조에 달하면 조타수에게 괴로운 것이지만, 영적 바다의 물결은 연사에게 큰 용기를 불러일으킵니다. 파도는 바다가 동요하고 있음을 분명하게 드러내지만, 영적 바다의 물결은 행복한 영혼의 표징입니다. 파도는 바위를 때리며 알아들을 수 없는 울음소리를 내지만, 영적 바다의 물결은 가르침의 말씀에 부딪치며 온유한 목소리를 냅니다. 이와 비슷하게, 곡식 위로 불어, 낟알 이삭이 고개를 숙였다 들었다 하도록 흔드는 산들바람은 마치 마른 땅 위로 퍼져 가는 바다의 물결 같

습니다. 그러나 영적 물결은 이런 곡식의 물결보다도 더욱 즐겁습니다. 산들바람이 아니라 성령의 은총이 여러분의 영혼을 드높여 뜨겁게 달구기 때문입니다. 그리스도께서 말씀하신 그 불이 ― "나는 세상에 불을 지르러 왔다. 그 불이 이미 타올랐으면 얼마나 좋으랴!"(루카 12,49) ― 여러분 영혼에 은밀히 지펴져 타고 있는 것을 나는 봅니다. 그리스도의 염려가 우리를 위해 수많은 불꽃에 불을 붙여 놓았으니, 이 염려를 우리 이 모임에 옮겨 와, 가르침의 기름이 방울방울 떨어져 그 불빛이 우리를 위해 더 활활 오래 버틸 수 있도록 합시다.

2. 단식의 절기가 그 끝을 향해 달려가고 있습니다. 우리는 이미 절반을 넘어섰습니다. 이제 선체가 항구를 바라보고 있습니다. 그러나 목적은 배가 항구에 닿는 것이 아니라, 텅텅 빈 배로 정박하지 않는 것입니다.

3. 여러분이 저마다 자기 단식의 결과를 자기 양심 속에서 헤아려 보기를 간곡히 부탁합니다. 많은 것을 얻었다면, 그것을 자신의 노력에 더하십시오. 그러나 아무것도 얻지 못했다면, 성실한 단식으로 유익을 얻는 데 남은 시간을 쏟도록 하십시오. 잔치가 계속되는 동안에는 우리가 노력을

다하고 수확을 많이 거두기 전에는 떠나지 않도록 하여, 빈 손으로 떠나는 일이 없도록 합시다. 이렇게 우리는 단식의 수고로움을 견뎠으니 그 상급을 포기해서는 안 됩니다. 단식의 수고를 견디고도 그 상급을 받지 못할 수도 있기 때문입니다. 어째서 그럴까요? 우리가 음식은 삼가나 죄를 삼가지 않을 때, 고기는 먹지 않으나 가난한 이들의 집을 삼킬 때, 포도주는 마시지 않으나 악한 욕정에 취해 있을 때, 하루 종일 굶지만 잡스러운 것들을 보면서 하루를 보낼 때 그러합니다. 우리가 범죄의 극장에 들락거리면, 단식의 수고를 견디고도 그 보상을 받지 못할 수 있다는 것을 깨달으십시오.

4. 여러분을 두고 이런 이야기를 하는 것이 아닙니다. 여러분은 이런 비난을 받을 일이 없다는 것을 알고 있습니다. 그러나 자주 고통을 겪는 사람들은 그 탓을 돌릴 사람을 붙잡지 못하면 구경꾼들에게 분통을 터뜨리는 데 익숙해집니다. 단식하는 이들이 무법의 극장에 드나들고 불경한 음란의 학교에 들어가 역병의 의자에 앉을 때, 그들은 무엇을 얻습니까? 정말이지, 갖가지 질병으로 가득한 그 더없이 사악한 장소를 온갖 추잡한 것들의 관현악단이라고 불러도 틀

리지 않을 것입니다. 이를테면, 바빌론의 불가마, 역병의 의자, 무절제의 체육관, 음란의 학교라고 말입니다. 마치 악마가 도시를 극장의 구경거리처럼 불가마 속에 떨어뜨려 놓고, 땔감용 나뭇가지나 기름이나 삼 부스러기나 송진도 없이 그 밑에서 불을 붙이는 격입니다. 이보다 훨씬 더 나쁜 것들도 있습니다. 창녀들, 상스러운 말들, 약 올리는 이들, 온갖 악한 것들로 가득 찬 노래들입니다. 불가마에 불을 붙이는 것은 야만인들의 손이지만, 이런 것에 불을 붙이는 것은 야만인들보다도 더 유례없는 생각들입니다. 이 불가마는 앞의 불가마보다 더 뜨겁습니다. 불도 더 뜨겁기 때문입니다. 그것은 육신의 본성을 태우는 것이 아니라 영혼의 건강한 상태를 망칩니다. 가뜩이나 더한 것은, 타고 있는 이들이 이를 모른다는 사실입니다. 그들이 깨달았다면, 지금 벌어지고 있는 일, 가장 통탄할 그 일에 크게 웃음을 터뜨리지는 않았을 테니 말입니다. 아프면서도 병든 것을 깨닫지 못하고, 참혹하게 불타고 있으면서도 큰불이 났음을 알아채지 못하는 것입니다. 육신은 일상적 자양분을 삼가면서 영혼에는 부당한 양식을 공급한다면, 단식의 유익이 무엇입니까? 하는 일 없이 앉아서 하루를 보내고, 여러분 공동의 본성이 부적절하게 행동하는 것을 지켜보며, 매춘을 저지르고 불륜을 행하는 여자들, 모든 집에서 일어나는 악들을 그러모으는 이들의 나쁜 본을 받는다면 말입니다. 거기서 여러분은 매춘과 불륜을 보고, 신성모독의 말들을 들을 수 있으며, 이를 통해 질병은 눈과 청각을 통해서도 영혼에 들어와 영혼과 싸웁니다. 그들은 다른 이들의 불운을 흉내 내며, 이런 까닭에 수치스러운 이름을 입습니다.

5. 그러니 영혼이 그런 자양분으로 살질 때 단식으로 무엇을 얻겠습니까? 그런 광경을 보고 집에 돌아오면 아내를 무슨 눈으로 보겠습니까? 여러분의 자녀들과 종과 친구들을 무슨 눈으로 보겠습니까? 여러분은 거기서 본 모든 일을 털어놓고 부끄러워하든지, 아니면 얼굴을 붉힌 채 입 다물고 슬그머니 물러나야 할 것입니다. 그러나 여러분은 이곳 교회에서 떠나지 않습니다. 여기서 들은 것을 고스란히 들고 가, 집에서 그것을 상세히, 용감하게 말할 수 있기 때문입니다. 예언자의 목소리, 사도의 교의, 스승의 법들을 말입니다. 여러분은 덕의 식탁 전체에서 봉사할 수 있을 것입니다. 여기서 들은 모든 것을 전하면서 여러분은 아내를 더욱 분별 있게 하고, 자녀들을 더욱 지혜롭게 하며, 종들이 더욱

기꺼운 마음이 들게 하고, 벗들을 더욱 다정하게 만들 것입니다. 나아가 원수도 적개심을 없애도록 설득할 수 있을 것입니다.

제2장 음란한 눈길과 불륜의 죄

6. 여러분이 여기서 받는 가르침은 어느 모로나 구원에 도움이 되지만, 저기 장터에서 듣는 것들은 어디로 보나 유익하지 않다는 것을 아시겠습니까? 입으로 단식하지만 눈으로 불륜을 저지른다면 단식의 유익이 대체 무엇입니까? 몸을 섞는 일뿐 아니라 음란한 구경도 불륜이기 때문입니다. 여기 다닐 때의 유익과, 거기에 다닐 때의 유익은 무엇입니까? 나는 가르치고, 그는 파괴합니다. 나는 상처에 약을 발라 줍니다. 그는 병을 부르는 것들을 더합니다. 나는 본성의 불을 끄고, 그는 욕망의 불꽃에 불을 붙입니다. 무슨 유익이 있습니까? "한 사람은 짓고 또 한 사람은 허무니 고생만 할 뿐 무슨 소용이 있느냐?"(집회 34,28). 그러니 여기저기 말고, 오직 여기에서만 시간을 보냅시다. 그리하여 헛되이, 목적 없이, 인정받기 위해서 시간을 보내는 것이 아니라, 여기서 이로움을 얻을 수 있도록 합시다. "한 사람은 짓

고 또 한 사람은 허무니 고생만 할 뿐 무슨 소용이 있느냐?"

7. 참으로, 짓는 이들은 여럿이고 허무는 이는 하나이나, 파괴의 손쉬움은 짓는 이들의 수많은 손을 이깁니다. 사실 이런 것들을 추구하는 것은 젊은이들에게나 늙은이들에게나 큰 망신입니다. 악이 망신까지는 가지 않으면 좋겠지만 (비록 일반인도 망신은 참을 수 없지만), 신중한 사람에게는 더 치명적인 파멸과 심판과 망신을 낳습니다. 그러나 악은 큰 단죄와 임박한 벌을 내리기에, 처벌은 망신에서 그치지 않습니다.

8. 거기 앉은 모든 이는 필연적으로 불륜의 죄라는 원수의 손길에 빠집니다. 그들이 거기 있는 여자들과 몸을 섞어서가 아니라 음란한 눈으로 바라보기 때문에 그렇습니다. 이 문제에 관해 내 생각을 말하는 것보다 — 여러분이 그것을 무시할 수도 있으니 말입니다 — 여러분이 무시할 수 없는 하느님의 법을 읽어 드리지요. 하느님의 법은 뭐라고 말합니까? "간음해서는 안 된다'(탈출 20,13)고 하신 말씀을 너희는 들었다. 그러나 나는 너희에게 말한다. 음욕을 품고 여자를 바라보는 자는 누구나 이미 마음으로 그 여자와 간음한 것이다"(마태 5,27-28). 불륜을 저지르는 자가 하는 짓을 보았습니까? 죄가 이루어지는 것을 보았습니까? 그보다 더한

것은, 인간 법정에서는 불륜으로 선고받고 단죄받지 않은 자가 하느님의 법정에서는 유죄판결을 받게 되고, 그가 받을 징벌이 영원하다는 사실입니다. "음욕을 품고 여자를 바라보는 자는 누구나 이미 마음으로 그 여자와 간음한 것이다." 단식은 질병만 없애 버리는 것이 아니라 그 뿌리까지 통째 없애며, 불륜의 뿌리는 음란한 욕정입니다. 이런 까닭에 성경은 불륜뿐 아니라 불륜의 어머니인 욕정까지 단죄합니다.

9. 의사들도 똑같이 합니다. 그들은 질병뿐 아니라 그 원인까지 확인합니다. 눈이 아픈 것을 보면 의사들은 그 윗부분인 관자놀이에서 나오는 악이 억제되도록 돌봅니다. 그리스도께서도 똑같이 하십니다. 불륜은 심각한 눈병입니다. 그 욕정은 눈에서 비롯됩니다. 육신의 눈이 아니라 무엇보다도 영혼의 눈입니다. 그래서 그분께서는 법에 대한 두려움으로 그 음란함의 발산을 억눌러 놓으셨습니다. 그래서 그분께서는 불륜뿐 아니라 욕정까지 단죄하셨습니다. "그는 이미 마음으로 그 여자와 간음한 것이다." 마음이 욕정으로 완전히 파괴된 뒤에는 육신의 나머지 부분이 무슨 소용이 있겠습니까? 풀과 나무에서 그 고갱이가 갉아 먹혔

으면, 우리는 그 나머지 부분은 쓸모없다고 버립니다. 사람도 마찬가지라, 그 영적 심장이 엉망이 되었으면 나머지 육신의 건강도 쓸모가 없습니다. 마차를 모는 이가 죽어 버린 것입니다. 그는 죽어 땅에 널브러지고, 말은 헛되이 달립니다. 법은 고통스럽고 매우 부담스럽지만, 커다란 화관을 부여합니다. 수고스러운 것들이 본디 그러합니다. 그들은 큰 상급을 줍니다. 수고에 주목하지 말고 상급을 생각하십시오. 이것이 현세 삶에서 세상이 돌아가는 방식이기 때문입니다. 성취를 위해 필요한 노고에 집중하면 그것은 무겁고 부담스럽습니다. 그러나 상급을 생각하면 여러분 앞에 있는 것이 가볍고 쉽습니다. 이렇듯 도선사가 파도만 본다면 결코 배를 항구에서 빼내지 않을 것입니다. 그러나 파도 대신 교역을 바라보며 그는 용감하게 드넓은 바다로 나설 엄두를 냅니다. 마찬가지로 군인이 상처와 죽음에만 관심을 기울인다면 결코 갑옷을 입지 않을 것입니다. 그러나 상처보다 전리품과 승리를 생각하면서 그는 초원에서 달리듯 전선으로 달려 나갑니다. 본성상 무거운 것은 그 노고와 더불어 그 상급을 생각하면 가벼워지기 때문입니다.

10. 본성상 무거운 모든 것이 어떻게 가벼워지는지 알고

싶습니까? 바오로의 말을 들어 보십시오. "우리가 지금 겪는 일시적이고 가벼운 환난이 그지없이 크고 영원한 영광을 우리에게 마련해 줍니다"(2코린 4,17). 그의 말은 수수께끼입니다. 환난이 어찌 가벼울 수 있습니까? 가볍다면 어찌 그것이 환난일 수 있습니까? 이것들은 정반대의 것들인데 말입니다. 그는 그것이 가볍다는 것을 계속해서 보여 줌으로써 수수께끼를 풀었습니다. 어떻게 말입니까? '보이는 것들을 생각하지 마십시오.' 바오로는 화관을 가져옴으로써 경주를 더 쉽게 만들었습니다. 그는 상을 보여 줌으로써 그 노고를 가볍게 덜었습니다. 그러니 여러분이 얼굴이 환하고 아름답게 옷을 입은 여자를 보고 욕망이 여러분을 간질이는 것을 알아챌 때, 여러분 영혼이 그 모습을 갈망하는 것을 알아챌 때, 그때 이 장면에서 피하기 위해 여러분 위에 있는 화관으로 눈길을 들어 올리십시오. 동료 종을 보았습니까? 스승님을 생각하십시오. 그러면 틀림없이 그 질병을 잠재울 수 있을 것입니다. 교사를 따르는 어린이들도 왔다 갔다 설치지 않고 바보 같은 행동을 하지 않으며 동요되지 않는다면, 더더구나 여러분은 여러분 앞에 계시는 그리스도를 이성으로 뵈면서 이런 일들을 겪지는 않을 것입니다.

"음욕을 품고 여자를 바라보는 자는 누구나 이미 마음으로 그 여자와 간음한 것이다"(마태 5,28). 나는 율법[7]의 글자들을 기쁘게 자주 읽습니다. 하루 종일 여러분에게 이런 말씀을 들려드릴 수 있다면 좋겠습니다. 아니, 여러분뿐 아니라 이러한 죄를 짓기 쉬운 모든 이에게 그럴 수 있으면 좋겠습니다. 그러나 여러분이 먼저입니다. 여러분도 더 안전해질 것이기 때문입니다. 그리고 이런 병을 지닌 많은 이들이 곧 그들의 건강을 되찾게 될 것입니다. "음욕을 품고 여자를 바라보는 자는 누구나 이미 마음으로 그 여자와 간음한 것이다."

제3장 자유의지와 분별력

11. 이 말씀을 읽는 것만으로도 죄의 모든 부패를 씻기에 충분합니다. 게다가 우리는 상처까지 씻습니다. 상처를 씻는 사람은 쓴 약을 발라야 합니다. 여러분이 이 말씀들을 견딜수록, 여러분은 독을 더 제거하는 것입니다. 녹이 금과 더 많이 접촉할수록 불이 더 많은 녹을 태울 수 있는 것처럼, 이 말씀들이 가져오는 두려움이 우리 생각에 더욱 새겨질수록 방탕의 모든 죄를 더욱 완전히 파괴할 것입니다. 여기서 우리 생각에 가르침의 말씀으로 불을 놓읍시다. 거기서

지옥불로 우리 생각을 태워서는 안 될 것입니다. 우리 생각이 여기서 깨끗이 떠날 때, 불은 우리 생각에 전혀 해를 끼치지 못할 것이기 때문입니다. 그러나 우리 생각이 여기서 죄와 함께 떠난다면, 그 불이 우리 생각을 차지할 것입니다. "저마다 한 일이 어떤 것인지 그 불이 가려낼 것"(1코린 3,13)이라고 하기 때문입니다. 여기서 고통 없이 우리 자신을 시험하여, 그때 우리가 고통스럽게 시험받지 않도록 합시다. 여러분이 무슨 말을 하든, 그들은 법은 고단한 것이라고 투덜거립니다. 그런데 말입니다, 하느님께서 우리에게 불가능한 일들을 하라고 명령하십니까? 그렇지 않습니다. 입을 다무십시오. 주님을 탓하지 마십시오. 이렇게 해서는 의롭게 될 수 없을 것입니다. 오히려 이전의 죄보다 더 심각한 죄를 더하게 될 것입니다. 습관적으로 죄짓는 많은 이들이 어째서 자신의 죄를 주인님 탓으로 돌리는지 들어 보십시오. 다섯 탈렌트를 맡은 사람은 앞으로 나와서 다섯 탈렌트를 더 보탰습니다. 두 탈렌트를 맡은 사람은 앞으로 나와서 두 탈렌트를 더 내놓았습니다. 한 탈렌트를 받은 사람이 앞으로 나와서는, 자기가 한 탈렌트를 더 불리지 못했기에 한 탈렌트 대신 비난을 내놓았습니다. 어떻게 하였을까요? 그는

"저는 주인님께서 모진 분이시라는 것을 알고 있었습니다"
(마태 25,24)라고 말합니다. 아, 이 종의 분별없는 교만이여!
그는 죄짓는 것으로도 모자라, 주인님에 대한 비난까지 퍼
붓습니다. "주인님은 심지 않은 데에서 거두시고 뿌리지 않
은 데에서 모으시는 분이십니다"(루카 19,21). 마찬가지로 이
삶에서도 주인님을 비난하는 것은 아무 도움이 되지 않으
며 자신의 악만 늘어나게 할 뿐입니다. 그러니 주인님을 비
난하지 맙시다. 그분께서는 불가능한 것을 명령하지 않으
셨습니다.

12. 그분께서 불가능한 것을 명령하지 않으셨다는 것을
알고 싶습니까? 많은 이들이 계명을 뛰어넘는 것들까지 행
하는데, 계명이 지키기 불가능한 것이라면 이런 일, 곧 목표
를 넘어서는 일은 일어날 수 없었을 것입니다. 그분께서는
동정을 명령하지 않으셨습니다. 그럼에도 많은 이들이 이
를 이루어 냅니다. 그분께서는 가난을 명령하지 않으셨습
니다. 그럼에도 많은 이들이 자신이 소유한 것들을 던져 버
리고, 복음의 명령들이 매우 쉽다는 것을 그들의 실천으로
증언해 냅니다. 그분께서 동정을 명하지 않으신 것은, 동정
을 의무로 명령하면 여기 얽매이기를 바라지 않는 사람까

지도 이 법에 매이게 되기 때문입니다. 그러나 동정을 그저 권고하면 듣는 이가 주체적으로 선택할 수 있습니다. 그런 까닭에 바오로는 말합니다. "미혼자들에 관해서는 내가 주님의 명령을 받은 바가 없습니다만, 그저 의견을 내놓습니다"(1코린 7,25). 이것이 명령이 아니라 조언이라는 것을 아시겠습니까? 이것이 명령이 아니라 권고라는 것을 아시겠습니까? 여기에는 큰 차이가 있습니다. 하나는 의무이고, 다른 하나는 신중한 선택의 행위이기 때문입니다. 나는 지나친 부담을 주지 않으려고 명령하지 않으며, 가르치기 위해 권고하고 조언할 따름이라고 바오로는 말하고 있습니다. 그래서 그리스도께서는 '너희는 모두 동정의 삶을 살아야 한다'고 말씀하지 않으셨습니다. 그분께서 모든 이가 동정인으로 살아야 한다고 명령하시고 이 충고를 법으로 만드셨다면, 동정으로 살아 낸 사람도 지금처럼 큰 명예를 지닐 수 없었을 것이며, 이를 어긴 사람은 엄한 벌을 받았을 것입니다. 입법자께서 어떻게 우리가 이를 면하게 해 주셨는지 아시겠습니까? 그분께서 동정을 명령으로 내리시고, '동정의 삶을 누리는 이들은 영광을 받을 것이며, 동정의 삶을 지키지 못하는 이는 모두 벌을 받을 것'이라고 말씀하실 수 없었겠습니까? 그러나 그분께서는 우리 본성을 억누르지 않으시고 오히려 보살피십니다. 동정을 예외적인 것으로 두어 경쟁 이상의 것이 되게 하심으로써, 동정을 성취한 이들은 모두 영광을 드러낼 수 있게 하시고, 이를 이루지 못한 이들도 모두 스승의 용서를 누릴 수 있게 하셨습니다.

13. 그분께서는 가난에 대해서도 똑같이 하셨습니다. 그분은 가난을 의무로 명령하지 않으셨습니다. 그분께서는 단순히 '네가 가진 모든 것을 팔아라'라고 하시지 않고, "네가 완전한 사람이 되려거든, 가서 너의 재산을 팔아라"(마태 19,21) 하고 말씀하셨습니다. '이를 네 의지에 심어 두어라, 네 의견의 주인이 되게 하여라. 나는 너에게 강요하지도, 너를 억누르지도 않는다. 그러나 네가 이를 이루면 너에게 화관을 씌우리라. 네가 이루지 못한다 해도 너를 벌하지는 않을 것이다.' 계명에 따라 의무로서 행한 일들은 많은 상급을 누리지는 못하기 때문입니다. 그러나 자유의지로, 우리의 분별력으로 이루어 낸 일들은 빛나는 화관을 차지합니다. 이에 대한 증인으로 바오로를 내세울 수 있습니다. 그는 말하기를, "내가 복음을 선포한다고 해서 그것이 나에게 자랑거리가 되지는 않습니다"라고 합니다. 왜 그렇습니까?

"나로서는 어찌할 수 없는 의무이기 때문입니다. 내가 복음을 선포하지 않는다면 나는 참으로 불행할 것입니다"(1코린 9,16). 법의 계명에서는, 무언가를 성취한 사람도 큰 상급을 받지 않는다는 것을 알겠습니까? 그것은 의무이기 때문입니다. 그러나 아무것도 성취하지 못한 사람은 지옥살이와 벌을 받을 수 있습니다. 그가 말하기를, "내가 복음을 선포하지 않는다면 나는 참으로 불행할 것입니다"라고 하기 때문입니다. 그러나 다른 것들, 자발적인 것들에 관해서는 그렇지 않습니다. 어찌하여 그렇습니까? "그렇다면 내가 받는 삯은 무엇입니까? 내가 복음을 선포하면서 그것에 따른 나의 권리를 행사하지 않고 복음을 거저 전하는 것입니다"(1코린 9,18). 앞에서는 법규범이었던 까닭에 큰 상급을 받지 않았습니다. 그러나 여기서는 그의 자유의지인 까닭에 큰 상급을 받았습니다.

제4장 옛 법과 새 법

14. 내가 이런 말씀을 괜히 드리는 것이 아니라, 하느님의 법을 통해 이것이 부담스러운 것이 아님을 보여 주려고 드리는 것입니다. 그것은 어렵지도, 수고스럽지도, 불가능

하지도 않습니다. 그러나 이 문제를 그리스도께서 몸소 하신 말씀으로 입증해 봅시다. "음욕을 품고 여자를 바라보는 자는 누구나 이미 마음으로 그 여자와 간음한 것이다"(마태 5,28). 그리스도께서는 많은 이들이 법을 어려운 것으로 비난하리라는 것을 아셨습니다. 이런 까닭에 그분께서는 이 동일한 법을 무방비로, 아무 방어막이나 뒷받침 없이 도입하지 않으셨습니다. 오히려 그분께서는 옛 법을 상기시키시며, 새로움의 눈으로 옛것을 비교하심으로써 이 법의 편안함과 인간을 향한 당신의 사랑을 드러내십니다. 그분은 단순히 "음욕을 품고 여자를 바라보는 자는 누구나 이미 마음으로 그 여자와 간음한 것"이라고 말씀하지 않으셨습니다. 아주 자세히 살펴보십시오. 오히려 그분께서는 옛 법을 상기시키시며 말씀하셨습니다. "'간음해서는 안 된다'고 이르신 말씀을 너희는 들었다. 그러나 나는 너희에게 말한다. 음욕을 품고 여자를 바라보는 자는 누구나 이미 마음으로 그 여자와 간음한 것이다"(마태 5,27-28; 탈출 20,14 참조). 모세가 세운 옛 법과 그리스도께서 도입하시는 새 법, 이 두 법을 모두 보았습니까? 더구나 그리스도께서는 옛 법도 세우셨습니다. 모세를 통해 말씀하신 분이시기 때문입니다.

참회에 관한 설교

15. 그리스도께서 그 법도 세우셨다는 것이 어디서 드러납니까? 이 문제는 유대인들이 믿기 힘든 것이었기에, 요한이나 사도들을 증인으로 내세우지는 않겠습니다. 대신 유대인들이 믿는 예언자들을 증인으로 삼으려 합니다. 이제 구약과 신약의 입법자가 하나임을 예언자들을 통해 보여 드리겠습니다. 예레미야는 뭐라고 말합니까? "그때에 나는 새 계약을 맺겠다"(예레 31,31). 그런데 그분께서 옛것도 주셨다는 사실이 어떻게 드러납니까? 그분께서는 "그때에 나는 새 계약을 맺겠다"고 하시고서는, "그것은 내가 그 조상들과 맺었던 계약과는 다르다"(예레 31,32)고 덧붙이십니다. 물론 우리는 아직 핵심을 입증하지는 못했습니다. 내가 드리는 말씀이 모든 면에서 분명해지고 파렴치한 이들을 위한 어떤 변명의 여지도 없도록, 모든 반론을 제시하고 밝혀야 하기 때문입니다. "나는 새 계약을 맺을 것이니, 그것은 내가 너희 조상들과 맺었던 계약과는 다르다." 그분께서는 홍수가 났을 때 노아에게 계약을 주셨습니다. 우리를 홍수에 대한 두려움에서 구하시어, 세찬 비를 볼 때마다 분명한 파괴가 또 일어날 것이라고 생각하는 일이 없기를 바라셨기 때문입니다. 이런 까닭에 그분께서는, "이제 내가 너희와 너

희 뒤에 오는 자손들과 내 계약을 세운다"(창세 9,9) 하고 말씀하십니다. 그리고 아브라함에게도 계약을 주셨으니, 할례의 계약이었습니다. 그분께서는 모세를 통해서도 계약을 주셨는데, 우리 모두 알고 있는 그 계약입니다. 예레미야는 말합니다. "나는 새 계약을 맺을 것이니, 그것은 내가 너희 조상들과 맺었던 계약과는 다르다." 어떤 조상들을 일컫는 것입니까? 노아도 조상이고, 아브라함도 조상입니다. 그분께서는 누구를 조상이라 일컬으십니까? 그분께서 누군지 구체적으로 밝히지 않으시기에 혼란이 생깁니다. 여기 주목해 보십시오. "내가 너희 조상들과 맺었던 계약과는 다르다." 여러분이 그분께서 노아에게 주셨던 계약, 또는 아브라함에게 주셨던 계약을 말씀하시는 것이라고 여기지 않도록, 그분께서는 그 계약들을 세우신 때를 언급하십니다. 다시 말해, 그분께서 "나는 새 계약을 맺을 것이니, 그것은 내가 너희 조상들과 맺었던 계약과는 다르다"고 말씀하셨을 때, 그분께서는 "내가 그 조상들의 손을 잡고 이집트 땅에서 이끌고 나올 때에 그들과 맺었던 계약"이라고 그 시기를 밝히셨습니다. 그분께서 정확한 때를 명시하시어 이 문제를 얼마나 분명하게 만드셨는지 아시겠습니까? 그러니 유대

참회에 관한 설교

인들은 더 이상 맞설 수가 없을 것입니다. "내가 그 조상들의 손을 잡고 나올 때"라고 하신, 그때를 기억하고 법을 받아들이십시오. 왜 그분께서는 "내가 그 조상들의 손을 잡고 이집트 땅에서 이끌고 나올 때"라고 탈출의 방식까지 언급하십니까? 아버지다운 사랑을 보여 주시기 위해서입니다. 그분께서는 그들을 종으로서가 아니라 아버지가 이끄는 어린아이처럼 이끄셨고, 이것이 그분께서 그들을 해방하신 방식입니다. 그분께서는 그들에게 종처럼 당신 뒤를 따라 걸으라고 명령하지 않으시고, 오히려 마치 귀한 자유인 아들처럼 그들의 오른손을 잡으셨으며 이렇게 그를 이집트에서 빼내셨습니다. 그분께서 두 계약의 입법자이심을 이제 알겠습니까?

16. 유대인들과의 논쟁에서는 빠져나왔으니, 이제 여러분이 두 계약의 일치를 깨달을 수 있도록 신약을 통해 이를 여러분에게 보여 드리려 합니다. 여러분은 말씀을 통한 예언들을 알고 있습니까? 예형들을 통한 예언들도 배우십시오. 비록 이것도 아직 완전히 분명하지는 않지만, 예형을 통한 예언은 무엇이며, 말씀을 통한 예언은 무엇입니까? 간단히, 내가 이것도 분명하게 보여 드리겠습니다. 예형을 통한

예언은 실천적 예언이며, 다른 예언은 이론적 예언입니다. 다시 말해, 그분께서 매우 신중한 이들에게는 말씀으로 설득하셨고, 매우 흐리멍덩한 이들에게는 예형을 보여 주심으로써 알려 주셨습니다. 어떤 큰일이 막 일어나려던 참이었습니다. 하느님께서 몸소 인간의 육[肉]을 취하려 하고 계셨습니다. 지상이 천상이 되고 우리 본성이 천사들의 고귀함으로 들어 높여지려 하고 있었습니다. 그래서 그분께서는 새롭고 역설적인 육화 사건으로 사람들, 곧 갑자기 이 사건을 보게 될 이들, 이를 듣게 될 이들을 혼란스럽게 하지 않으시려고, 본보기와 말씀으로 상징적으로 이를 미리 묘사하셨고, 이렇게 하여 우리의 청각과 시각을 길들여 놓으셨습니다. 그러나 그분께서는 앞으로 일어날 것도 미리 마련하셨습니다. 내가 드리는 말씀은 이런 것입니다. 본보기를 통한 예언은 무엇이며, 말씀을 통한 예언은 무엇인가. 하나는 실천적이고, 다른 하나는 이론적입니다. 본보기와 말씀을 통한 그리스도에 관한 예언을 말씀드릴까요? "그는 도살장에 끌려가는 어린 양 같고, 털 깎는 사람 앞에 잠자코 서 있는 어미 양 같았다"(이사 53,7). 이것은 말씀을 통한 예언입니다. 한편 아브라함이 이사악을 번제물로 바치려고 데리고 갔을 때, 그는 자기 아들을 덤불에 뿔이 걸린 양처럼 보았고 아들을 제단으로 데리고 가는 그의 행동은 아들을 번제물로 바치는 행동과 다를 바 없었습니다. 이 희생을 통해 아브라함은 주님의 구원 수난을 가리키고 있었습니다.

제5장 예형을 통한 예언

17. 이 두 계약을 행동을 통해 보여 드릴까 하고 방금 말씀드렸었지요? 설교에서 양에 관해 들었으니, 예형을 통해서도 배우십시오. "율법 아래 있기를 바라는 여러분, 나에게 말해 보십시오"(갈라 4,21). "바라는 여러분"이라고 한 것은 옳은 표현입니다. 그들은 아직 율법 아래 있지 않기 때문입니다. 이미 율법 아래 있었다면 그들은 율법 아래 있으려고 하지 않았을 것입니다. 내가 드리는 말씀이 알쏭달쏭하지요. 법은 애써 법을 따른 이들을 그리스도께로 데리고 왔습니다. 스승을 거스르는 자는 교사도 인정하지 않습니다. 이런 까닭에 그는 "율법 아래 있기를 바라는 여러분, 나에게 말해 보십시오. 여러분은 율법이 말하는 것을 듣지 못합니까? 아브라함에게 두 아들이 있었는데 하나는 여종에게서 났고 하나는 자유의 몸인 부인에게서 났다고 기록되어 있습니

다. 여기에는 우의적인 뜻이 있습니다"(갈라 4,21-24)라고 합니다. 예형을 통한 예언을 알겠습니까? 그에게 아내들이 있었다는 것은 허구가 아니라 실제 사실입니다. 나는 말씀을 통해 여러분에게 종과 자유의 몸인 부인을 보여 주었습니다. 두 계약의 입법자는 한 분이시기 때문입니다. 본보기를 통해서도 이 똑같은 가르침을 얻으십시오. 아브라함에게는 두 아내가 있었는데, 이들은 한 입법자의 두 계약을 상징합니다. 거기에 양과 양⁸이 있는 것처럼 말입니다. 하나는 이야기에, 하나는 실제 본보기에 나옵니다. 그리고 상황과 말씀이 꼭 들어맞습니다. 마찬가지로 여기에도 두 계약이 존재합니다. 예레미야는 말로써 이 계약들을 예언했고, 아브라함은 실천을 통해, 곧 두 아내를 둠으로써 이 계약들을 드러냈습니다. 한 남편에 두 아내가 있는 것처럼, 한 입법자에 두 계약이 있습니다.⁹

18. 그러나 아까 이야기로 돌아가 봅시다. 이 모든 이야기가 비롯된 곳으로 돌아가 봅시다. 우리 주제를 떠나서는 안 되니까요. "음욕을 품고 여자를 바라보는 자는 누구나 이미 마음으로 그 여자와 간음한 것이다"(마태 5,28). 그런데 이 문제와 관련하여, 그분께서는 왜 옛 법을 인용하셨을까요?

참회에 관한 설교

"'간음해서는 안 된다'고 이르신 말씀을 너희는 들었다"라고 하시니 말입니다. 그분께서는 이 계명이 실천하기 어렵다는 것을 알고 계셨습니다. 계명이 본디 어려워서가 아니라, 듣는 이들의 게으름 때문에 말입니다. 많은 쉬운 계명들도 우리의 게으름 때문에 실천하기 어려워집니다. 그러나 비록 어려운 것이라도 우리의 성실함을 통해 가볍고 쉬워지는 것들도 있습니다. 다시 말해, 어려움은 그것의 본성에 있는 것이 아니라 그것을 추구하고 실행하는 이들의 의지에 달려 있습니다.

19. 이 진리는 다음의 예에서 분명해집니다. 꿀은 본디 달콤하고 기분 좋은 것입니다. 그러나 아픈 이들에게는 꿀도 쓰고 거북한 것이 됩니다. 이것은 꿀의 본질 때문이 아니라 그들의 병 때문입니다. 마찬가지로 법이 부담스러워 보인다면 그것은 법의 본성 때문이 아니라 우리의 게으름 탓입니다. 나는 그것이 실천하기 쉽다는 것을 증명하느라 수고하지는 않겠습니다. 그것을 어렵게 만드는 것들이 반박할 것이기 때문입니다. '여자를 바라보는 것을 피하고, 방탕함을 접어 두어라'라고 합니다. 그러나 '여자를 찬찬히 살펴보아라. 그 낯선 아름다움을 뚫어지게 살펴보아라. 그러나 너

의 욕정은 억눌러라'라며 그 반대를 말한다면 부담스러운 것이 될 것입니다. 실제로 이것은 어려운 일일 것입니다. 그러나 법은, 너희가 다치지 않으려면 '불가마에서 멀찍이 있어라. 불에서 떨어져라. 불길에 다가가지 말아라'라고 말합니다. 이것은 매우 쉽습니다. 다시 말해 이 계명은 본성에 따른 것입니다. "'간음해서는 안 된다'고 이르신 말씀을 너희는 들었다." 왜 그분께서는 새 법을 도입하려 하시면서 우리에게 옛 법을 일깨우십니까? 하나가 다른 하나에 모순되지 않는다는 것을 비교를 통해 배우게 하시려는 것입니다. 비교가 이루어지면, 사유는 더욱 분명해집니다. 다시 말해, 반대되는 법을 도입하시고자 이런 말씀을 하신 거라고 사람들이 비난할 수 있으니, 그분께서는 '보아라, 내가 두 법을 서로 나란히 놓을 테니, 이 둘이 일치한다는 것을 깨달아 보아라' 하고 말씀하십니다. 그 밖에도, 새 법이 얼마나 쉽고 적절한 때에 도입되는지 보여 주시기 위해서 그분께서는 이렇게 말씀하십니다. "'간음해서는 안 된다'고 이르신 말씀을 너희는 들었다." 여러분은 그렇게 오랫동안 옛 법을 연구했습니다. 옛 가르침에 더 머물고 싶어 하는 자신감 없는 아이에게 말하는 선생님처럼, 그분께서는 그를 더 높은

가르침으로 이끄시기 위해 말씀하십니다. '네가 얼마나 오랫동안 이 가르침에 머물렀는지만 생각해 보아라.'

20. 마찬가지로, 그리스도께서는 우리에게 그들이 옛 법을 오랫동안 연구하고 간직해 왔으며, 이제는 그들이 더 높은 법으로 올라가야 할 때라고 일깨우십니다. 그분께서는 그 조상들이 한때 받았던 법을 언급하며 이렇게 말씀하십니다. "'간음해서는 안 된다'고 이르신 말씀을 너희는 들었다." 그것은 조상들이 들은 내용입니다. "그러나 나는 말한다." 그분께서 이를 조상들에게 말씀하셨다면, 그들은 아마 난처했을 것입니다. 그때 우리 본성은 훨씬 덜 완전하였기 때문입니다. 그러나 인간 본성이 진보하고 훨씬 더 완전해진 뒤에는 더욱 완전한 가르침을 받을 때가 되었습니다. 이런 까닭에, 그분께서는 이 법을 세우기 시작하실 때에, 사람들이 이 법의 삶을 실천할 책임을 깨달았을 때 아무도 주눅 들거나 주저하지 않도록 이렇게 말씀하셨습니다. "너희의 의로움이 율법 학자들과 바리사이들의 의로움을 능가하지 않으면, 결코 하늘나라에 들어가지 못할 것이다"(마태 5,20). 나에게 더 많은 활동을 요구하시는군요. 이유가 무엇입니까? 혹시 내가 그들과 다른 본성을 지녔습니까? 내가

그들과 같은 인간이 아닌가요? 그들은 이런 말을 하지 않을 텐데, 왜 그분께서는 우리의 고생을 해가 갈수록 더 늘리셨습니까? 왜 그분께서는 경주를 더욱 어렵게 만드셨습니까? 반대를 예상하셨기 때문입니다. 그분께서는 하늘나라에 관하여 이렇게 말씀하십니다. '더 큰 상급을 줄 것이다.' 그분께서는 고생에 관하여, 경쟁에 관하여, 입법의 책임에 관하여 말씀하셨기에, 상도 기억하셨습니다. '이제 나는 너희에게 팔레스타인이나 젖과 꿀이 흐르는 땅이 아니라 하늘나라 전체를 주려 한다.' 그러나 우리가 행한 모든 착한 일에 대한 더 큰 상급만 있는 것이 아니라, 우리가 지은 모든 죄에 대한 더 큰 벌도 받아야 합니다. 다시 말해, 율법이 주어지기 전에는 율법 아래 있는 이들보다 더 가벼운 벌이 있었습니다. "율법을 모르고 죄지은 자들은 누구나 율법과 관계없이 멸망할 것입니다"(로마 2,12). (다시 말해, 그때는 그들을 단죄할 법이 없었으니, 대신 나는 바로 이러한 본성에 비추어 판결을 내릴 것이라는 말씀입니다.) 마찬가지로 그들 나름의 이성이 그들을 단죄하고 또 변호도 할 것입니다. 이렇듯 은총의 시기에 죄를 저지르는 모든 이는 율법 시대에 속하는 이들의 벌보다 더욱 견디기 힘든 벌을 받게 될 것입니

참회에 관한 설교

다. 바오로는 이러한 차이를 이렇게 밝혔습니다. "모세의 율법을 무시한 자는 둘이나 세 증인의 말에 따라 가차 없이 처형됩니다. 그렇다면 하느님의 아드님을 짓밟고, 자기를 거룩하게 해 준 계약의 피를 더러운 것으로 여기고, 은총의 성령을 모독한 자는 얼마나 더 나쁜 벌을 받아야 마땅하겠습니까?"(히브 10,28-29).

21. 벌이 더 큰 만큼, 이제 하느님의 은총이 우리 가운데 있으니 상급도 더 크다는 것을 아시겠습니까? 그러나 여러분에게 가장 심오한 영적 신비를 상기시켰으니, 여러분에게 간곡히 부탁하고 간청하며 애원합니다. 나는 여러분이 자신의 모든 열망과 죄를 나에게 맡긴 뒤에 이 멋진 식탁[10]에 나아가도록 할 특권이 있습니다. "모든 사람과 평화롭게 지내고 거룩하게 살도록 힘쓰십시오. 거룩해지지 않고는 아무도 주님을 뵙지 못할 것입니다"(히브 12,14). 주님을 뵙기에 합당치 않은 사람은 주님의 몸을 나누는 친교에도 역시 합당치 않습니다. 그래서 바오로는 "그러니 각 사람은 자신을 돌이켜 보고 나서 이 빵을 먹고 이 잔을 마셔야 합니다"(1코린 11,28) 하고 말합니다. 그는 곪아 터진 상처를 드러내지 않았고, 단죄를 흔한 구경거리로 만들지 않았으며, 우리의

잘못을 증언하지도 않았습니다.

22. 여러분의 양심에는 모든 것을 보시는 하느님만이 계십니다. 거기서 여러분을 심판하고 여러분 죄를 돌아보십시오. 여러분의 온 삶을 돌아보고서 여러분의 죄를 마음의 법정으로 가지고 가십시오. 여러분의 잘못을 바로잡고, 그리하여 깨끗한 양심으로 거룩한 식탁을 어루만지며 거룩한 성찬례에 참여하십시오. 이런 것들을 우리 마음에 새기고, 우리가 방탕에 관해, 또 여자들의 얼굴을 죄스럽게 뚫어져라 바라보는 모든 이를 기다리고 있는 벌에 관해 말한 것들을 모두 기억하십시오. 하느님의 벌에 대한 두려움과 사랑을 언제나 우리 앞에 두고, 모든 면에서 우리 자신을 깨끗하게 해 나가며, 이렇게 거룩한 신비들에 다가가, 그 신비들이 우리의 심판이나 단죄가 아니라 우리 영혼의 건강과 구원에 도움이 되게 합시다. 그리하여 우리가 우리 주 예수 그리스도 안에서, 올곧은 대담함으로 이 구원을 누릴 수 있기를 빕니다. 우리 주 예수 그리스도께 모든 영광과 권세가 세세대대로 있나이다. 아멘.

참회에 관한 설교

일곱째 설교 처벌에 더디시고 구원에 재빠르신 하느님

제1장 하느님의 인내

1. 참으로 거룩한 사도는 언제나 거룩한 천상의 언어를 쓰며 노련하게 복음의 말을 엮습니다. 그는 단순히 자기 나름의 의견을 말하는 것이 아니라 왕에게 봉사하는 자의 권한을 가지고 가르침을 펼치기 때문입니다. 그가 이런 노련함으로 죄인들에게 참회에 관한 설교를 하듯이, 나도 여러분에게 이 중요한 문제를 일깨우려 합니다. 여러분이 지금제 말씀을 귀여겨들으셨다면, 이제는 코린토 신자들에게 준 바오로의 가르침에 관해 전에 했던 이야기로 돌아가 봅시다. 용감하고 놀라운 바오로는 이렇게 말했습니다. "내가 여러분에게 갔을 때에, 전에 죄를 짓고도 회개하지 않는 많은 사람 때문에 내가 슬피 울게 되지나 않을까 하는 것입니다"(2코린 12,21). 이 위대한 교사는 본성으로는 분명 인간이었

으나, 계획에서는 하느님의 종이었습니다. 이런 까닭에 그는 천상의 언어를 쓰며 직접 하늘에서 내려온 것처럼 말합니다. 이렇게 그는 벌로써 죄인들을 겁주며, 참회하는 모든 이에게는 속죄를 약속합니다. 내가 이런 말씀을 드릴 때 이 말은 바오로의 권위에 기댄 것이 아니라, 모든 것이 하느님의 은총 덕분입니다. 그는 이에 관해 이렇게 말합니다. "그리스도께서 나를 통하여 말씀하신다는 증거를 여러분은 찾고 있습니까?"(2코린 13,3). 그래서 그는 죄인들에게 유익한 약, 곧 구원을 위한 참회를 줍니다. 그리고 오늘 그는 사도의 독서와 더불어, 죄의 용서를 풍성히 주시는 구원자의 복음적 권위와 더불어 왔습니다. 구원자께서 중풍 병자를 고쳐 주셨을 때 (방금 들었듯이) 그분께서는 "얘야, 너는 많은 죄를 용서받았다"(마르 2,5 참조)고 말씀하셨기 때문입니다.[11]

2. 죄의 용서는 구원의 원천이며 참회의 상급입니다. 참회는 죄를 잘라 내는 수술이기 때문입니다. 이는 율법의 결과를 은총으로 이기는 천상의 선물이며 놀라운 권능입니다. 이런 까닭에 참회는 창녀를 내치지 않고, 불륜을 저지른 자를 쫓아내지 않으며, 술꾼을 외면하지 않고, 우상 숭배자들을 혐오하지 않으며, 욕쟁이를 내쫓지 않고, 독성죄를 짓

는 자나 교만한 자를 몰아내지 않습니다. 오히려 이들 모두를 변화시킵니다. 참회는 죄의 용광로이기 때문입니다.

3. 우리의 생각을 내세우지 않고 오히려 거룩한 성경 자체가 증언하는 이러한 관상에 관한 진리를 드러내며 하느님의 뜻을 깨닫는 일이 매우 중요합니다. 죄인들을 오래 참아 주시는 하느님의 뜻은 구원에 도움이 되는 두 가지를 목표로 합니다. 하느님께서는 참회를 통한 구원으로 그들을 도우시고, 그 후손들에게는 덕으로 나아가는 수단을 주십니다. 이 점을 다시 짚어 봅시다. 하느님께서는 오래 참으시며, 죄인이 뉘우치면 그 후손들에게서도 구원을 거두지 않으실 것입니다. 다시 말해, 죄지은 이가 뉘우치지 않는다 해도 작물을 살리시기 위해 뿌리는 거듭 남겨 두십니다. 게다가 뿌리가 완전한 악에 빠져도 하느님께서는 인자하게 벌을 미루시고, 뉘우치는 이들의 구원을 기다리십니다. 예컨대, 아브라함의 아버지 테라는 우상을 숭배했지만, 불경에 대한 벌을 받지 않았습니다. 마땅한 일입니다. 하느님께서 성급하게 뿌리를 자르셨다면, 신앙의 그 무성한 작물이 어디서 꽃을 피웠겠습니까? 누가 에사우보다 더 비참할 수 있겠습니까? 그러나 나는 여러분에게 또 다른 관대함에 집중

하기를 부탁드립니다. 무엇이 그의 악함보다 더 뻔뻔할 수 있겠습니까? 사도가 말하듯이, 그는 불륜을 저지른 속된 자가 아니었습니까?(히브 12,16 참조). 그는 패륜아가 아닙니까? 그는 자기 동생을 죽일 생각이지 않았습니까? 하느님께서 그를 미워하지 않으셨습니까? 성경이 이를 증언합니다. "나는 야곱을 사랑하고 에사우를 미워하였다"(로마 9,13). 이렇게 그는 불륜을 저지르고 형제를 죽이려 하고 속되고 미움을 받았는데, 왜 망하지 않았습니까? 왜 고난을 겪지 않았습니까? 왜 그는 자신이 받을 벌을 곧바로 받지 않았습니까? 왜 그렇습니까? 우리는 그 이유를 밝혀야 합니다. 그가 잘려나갔더라면, 세상은 의로움의 매우 큰 열매를 잃어버렸을 것입니다. 들어 보십시오. "에사우는 르우엘을 낳고, 르우엘은 제라를 낳고, 제라는 욥을 낳았다"(창세 36장 참조). 뿌리가 마땅히 받아야 할 벌을 하느님께서 앞당겨 주셨다면 얼마나 큰 인내의 꽃이 사라졌을지 이제 아시겠습니까?

제2장 너그러우신 하느님

4. 그러니 모든 문제에서 이 설명을 받아들이십시오. 이런 까닭에, 그분께서는 지금 이집트에서 꽃피고 있는 교회

들과 수도원들과 천상의 삶을 성취한 이들을 심하게 모독한 이집트인들에게 큰 인내심을 보이셨습니다. 새 법을 알게 된 모든 이는 똑같은 것을 주장합니다. 로마인들의 법은 임산부에게는 특정한 행동 방침을 정하여, 임산부는 사형에 처해질 잘못을 저질렀다 해도 그가 품고 있는 아기를 낳기 전에는 죽이지 않는 것과 같습니다. 그도 그럴 것이, 좋은 입법자는 무고한 아기가 죄지은 여인과 함께 사라지는 것이 옳지 않다고 여기기 때문입니다. 인간의 법도 완전히 무고한 이를 살려 준다면, 하느님께서 그 뿌리를 지켜 주시고 참회의 유익을 작물 속에 간직해 두시는 것은 훨씬 더 당연하지 않습니까? 여러분에게 당부하건대, 참회의 유익은 죄인들에게도 돌아간다는 것을 깨달으십시오. 관대한 말씀이 그들에게도 주어졌기 때문입니다. 처벌로 바로잡으려 했다면, 세상은 완전히 멸망해 사라졌을 것입니다. 하느님께서 서둘러 벌하셨다면, 교회는 바오로를 얻을 수 없었을 것입니다. 교회는 그토록 위대하고 위대한 사람을 얻을 수 없었을 것입니다. 그분께서는 바오로를 회개로 이끄시기 위해, 그가 모독하는 말로 교회에 혼란을 일으키는 것을 그냥 두셨습니다. 하느님의 인내와 참을성은 박해자를 선포자로 변화시켰습니다. 하느님의 인내와 참을성은 늑대를 양으로 바꾸어 놓았습니다. 하느님의 인내와 참을성은 세리를 복음사가로 만들었습니다. 하느님의 인내와 참을성은 우리 모두에게 자비를 내려 주었습니다. 그것은 우리 모두를 변화시켰습니다. 우리 모두를 회심시켰습니다. 과거의 술꾼이 단식하는 사람이 된 것을 보거든, 과거에 모독하던 사람이 신학자가 된 것을 보거든, 과거에 민망한 노래로 입을 더럽히던 사람이 이제 거룩한 찬미가로 자기 영혼을 씻는 것을 보거든, 하느님의 인내와 참을성에 경탄하며 참회를 칭송하십시오. 이러한 변화가 주는 기회를 잡고, "지극히 높으신 분의 오른팔이 일으키신 변화"(시편 77,11 참조)라고 말하십시오.

5. 사실 하느님께서는 모든 이에게 선하시지만, 죄짓는 이들에게는 더 큰 인내와 참을성을 보여 주십니다. 역설적인 말, 뻔하지 않고 그것이 드러내는 위대한 신심에 충실하기에 역설적인 말을 듣고 싶다면 들어 보십시오. 하느님께서는 언제나 의인들에게 엄격하시고 죄인들에게 선하시며 관대함에 재빠르십니다. 그분께서는 죄짓고 떨어진 이를 회복시키시며 이렇게 말씀하십니다. "사람들은 쓰러지

면 다시 일어서지 않느냐? 누구나 빗나가면 다시 돌아오지 않느냐?"(예레 8,4). "그런데 어찌하여 어리석은 유다의 딸은 부끄러운 줄 모르고 대들고 돌아섰느냐?"(예레 8,5 참조). "너희는 나에게 돌아와라. 그러면 나도 너희에게 돌아가리라"(즈카 1,3). 다른 곳에서는 큰 관대함으로 참회를 통한 구원을 맹세로 약속하십니다. "내 생명을 걸고 말한다. 나는 악인의 죽음을 좋아하지 않는다. 오히려 악인이 자기 길을 버리고 돌아서서 사는 것을 기뻐한다"(에제 33,11). 의인들에게는 이렇게 말씀하십니다. "의인이 자기 정의를 버리고 돌아서서 불의를 저지르면 그가 실천한 모든 정의는 기억되지 않은 채 자기가 지은 죄 때문에 죽을 것이다"(에제 18,24 참조). 의인을 향한 이 엄격함이여! 죄인을 향한 이 풍요로운 용서여! 그분께서는 당신은 바뀌지 않으시지만, 의인들을 감독하고 죄인들을 용서하시기 위해 당신의 넉넉한 선함을 유익하게 나눌 여러 다른 방도를 찾으십니다. 어떻게 하시는지 들어 보십시오. 그분께서 계속해서 죄를 짓는 죄인에게 겁을 주시면 죄인은 절망에 떨어져 희망의 바닥으로 갑니다. 의인에게 복을 내리시면 의인의 덕이 약해지고 열의가 느슨해집니다. 그는 이미 스스로 복되다고 생각하고 있기 때문입니다. 이런 까닭에 그분께서는 죄인에게 자비로우시고 의인에게는 겁을 주십니다. "주님은 당신 주위에 두려움을 일으키시는 분"(시편 89,8), "주님은 모두에게 좋으신 분"(시편 145,9). 다윗은 "주님은 당신 주위에 두려움을 일으키시는 분"이라고 말합니다. 여기서 그들은 거룩한 이들이 아니고 누구이겠습니까? "거룩한 이들의 모임에서 더없이 경외로우신 하느님, 당신 주위에 두려움을 일으키시는 분"(시편 89,8)이라고 다윗이 말하고 있기 때문입니다. 그분께서는 넘어진 사람을 보시면 사랑의 손길을 내미십니다. 꼿꼿이 서 있는 사람을 보시면 겁을 주십니다. 이는 의로움과 정의로운 판결을 드러냅니다. 그분께서는 의인은 두려움으로 세우시고, 죄인은 자애로 일으키십니다.

6. 우리를 향한 하느님의 시의적절한 선하심과 유익하고 적절한 응보를 알고 싶습니까? 이 장엄한 장면을 놓치지 않도록 잘 들어 보십시오. 온갖 죄와 범죄로 유명한 그 죄 많은 여인, 너무나 큰 죄를 지었고 온갖 악행의 잘못을 범한 그 여인은 참회를 통한 구원에 목말랐기에 성인들의 무리에 슬그머니 들어갔습니다. 여기서 내가 성인들의 무리라고 말한 것은, 거룩한 이들 가운데 가장 거룩하신 분이 거

기 계셨기 때문입니다. 구원자께서 바리사이 시몬의 집에 앉아 계실 때, 그 죄 많은 여인은 슬그머니 들어와 구원자의 발을 어루만지며 눈물로 그 발을 적시고 자기 머리카락으로 닦아 드렸습니다(마태 26,6 참조). 인간을 사랑하시는 분께서는 수많은 죄에 빠져 있던 그 여인을 들어 높이시며, "너는 죄를 용서받았다"(루카 7,48) 하고 말씀하셨습니다. 물론 나는 여기서 이 이야기를 샅샅이 살펴보려는 것이 아니라, 증인 하나만 소개하려는 것입니다. 그 풍요로움을 보십시오. "내가 너에게 말한다. 이 여자는 그 많은 죄를 용서받았다. 그래서 큰 사랑을 드러낸 것이다"(루카 7,47). 죄 많은 여인은 그 많은 죄를 사면받은 것입니다. 모세의 누이 미르얌도 작은 중얼거림 하나 때문에 악성 피부병을 선고받습니다(민수 12,10 참조). 죄짓는 이들에게 그분은 말씀하십니다. "너희의 죄가 진홍빛 같아도 눈같이 희어질 것이다"(이사 1,18). 그분께서는 참회가 가져오는 변화를 통해 어둠을 빛으로 바꾸시며, 당신의 선하신 목소리로 엄청나게 큰 악도 싹 쓸어 내십니다. 그분께서는 의로움의 길을 걷는 이에게 말씀하십니다. "자기 형제에게 '멍청이!'라고 하는 자는 불붙는 지옥에 넘겨질 것이다"(마태 5,22). 그분께서는 말 한마디에 이렇게 엄격하시면서, 수많은 죄에는 그토록 큰 용서를 나누어 주십니다.

제3장 고아들의 아버지, 과부들의 보호자

7. 또 다른 놀라운 사실을 생각해 보십시오. 죄는 지출로서 기록되지만, 뉘우치는 죄인들에게 그분께서는 전액 탕감해 주십니다. 그러나 의인들에게는 이자를 요구하십니다. 그분께 많은 탈렌트를 빚진 사람이 다가와서는, 심판을 피하기 위해 뉘우치고 애걸복걸하며 말합니다. "제발 참아 주십시오. 제가 다 갚겠습니다"(마태 18,26). 인간을 사랑하시는 분께서는 돌려받기를 기다리지 않으셨습니다. 오히려 그분께서는 그 고백을 빚의 완납으로 여기셨습니다. 만 탈렌트를 빚진 사람에게 그분께서는 모든 것을 거저 주셨고, 이 용서의 화관까지도 주셨습니다. 그러나 그분은 의인에게는 이자까지 요구하십니다. "그렇다면 어찌하여 내 돈을 은행에 넣지 않았더냐? 그리하였으면 내가 돌아왔을 때 내 돈에 이자를 붙여 되찾았을 것이다"(루카 19,23; 마태 25,27). 하느님께서 의인에게 적대적이시거나 그들을 미워하시는 것이 아닙니다. 하느님께서는 의인을 의롭게 지키고자 하실

따름입니다. 그러나 앞에서 말했듯이, 그분께서는 죄인을 회복시키시기 위해 그를 위로하시고, 의인을 지탱하시기 위해 그에게 겁을 주십니다. 그분께서 죄인들에게는 그들이 비록 하느님 앞에서 우쭐대는 원수들이라도 수많은 잘못을 용서하시면서, 의인들에게는 뜻밖에 닥친 일들에 대해서도 엄격하신 것은 의인들이 완덕에서 실패하기를 바라지 않으시기 때문입니다. 부유한 사람과 세상의 관계는, 의인과 하느님의 관계와 같습니다. 가난한 사람과 세상의 관계는, 죄인과 하느님의 관계와 같습니다. 죄인보다 더 가난한 사람은 없으며, 의롭게 행동하는 사람보다 더 부유한 사람도 없습니다.

8. 이런 까닭에 바오로는 신실하고 풍요롭게 살아가는 사람들에 관하여 이렇게 말합니다. "나는 여러분을 두고 늘 나의 하느님께 감사를 드립니다. 여러분은 그리스도 안에서 어느 모로나 풍요로워졌습니다. 어떠한 말에서나 어떠한 지식에서나 그렇습니다"(1코린 1,4-5). 불경한 이들에 대해서 복된 예레미야는 이렇게 말합니다. "저들은 가련하다. 그들은 주님의 말씀을 듣지 못하였다"(예레 5,4 참조). 그가 신심에서 멀어진 이들을 가련하다고 일컫는 것을 보았습니까? 그

분께서 죄인들에게 자비로우신 까닭은 그들이 영적으로 가난해서입니다. 그분께서 의롭게 행동하는 이들에게 요구하시는 까닭은 그들이 영적으로 부유해서입니다. 죄인들에게 그분은 거저 주십니다. 그들이 가난하기 때문입니다. 의인들에게 그분은 신중하게 거두십니다. 그들의 풍요로운 신심 때문입니다. 그분께서는 의인들과 죄인들에게 하시는 모든 것을, 부자와 가난한 이들에게도 하십니다. 그분께서 관대함으로 죄인들을 높이시고 의인들은 잘려 나갈 것을 두려워하게 하시듯이, 마찬가지로 세속 일에서도 당신의 경륜을 펼치십니다.

9. 빛나는 귀족 계급과 임금들과 지도자들, 하나같이 부가 돋보이는 그들을 보실 때, 그분께서는 그들에게 두려운 말씀을 하시고 그들의 왕조에 유익한 경외를 명령하십니다. "자, 이제 임금들아, 깨달아라. 세상의 통치자들아, 징계를 받아들여라. 경외하며 주님을 섬기고 떨며 그분 안에서 기뻐하여라"(시편 2,10 참조). "그분은 임금들의 임금이시며 주님들의 주님이신 분"(1티모 6,15)이시기 때문입니다. 힘센 이들이 다스리는 곳 어디서나 그분께서는 당신 나라에 대한 경외로 위협하십니다. 보잘것없는 이들이 겸손해지는 곳

어디서나 그분께서는 당신의 관대함이라는 약을 주십니다. 이 하느님은 통치하는 이들에게는 위대한 임금이시고, 주권을 행사하는 이들에게는 주님이시기 때문입니다. 바로 이분께서 당신의 지위를 낮추시어, 성경에 따르면 고아들에게 아버지가, 과부들에게 보호자가, 임금들에게는 임금이, 지도자들에게는 영도자가, 주인들에게는 주님이 되어 주십니다. 그분의 관대함이 얼마나 풍요로운지 알겠습니까? 경외가 신심과 권위에 얼마나 유익한지 알겠습니까? 그분께서는 권위가 위로의 도구로 쓰일 수 있다고 보신 곳에서는 늘 경외를 보조 도구로 쓰셨습니다. 쪼들리는 고아 신세와 가난하고 고단한 과부 신세를 보실 때마다 그분께서는 인간에 대한 사랑을 위로로 주셨습니다. '나는 고아들의 아버지다.' 그분께서는 두 가지 일을 하십니다. 인간애를 드러내시고, 폭군을 벌주십니다. 그분께서는 당신을 고아들의 아버지라 일컬으십니다. 비참한 이들을 애틋하게 위로하시고 힘 있는 자들을 깜짝 놀라게 하시어, 권력자들이 고아와 과부들을 학대하지 못하게 하시려는 것입니다. 죽음은 누군가의 아버지를 앗아 가고, 다른 이에게서는 남편을 앗아 갔습니다. 자연이 완전히 멸망시킨 이 모든 이가 하느님의 크신 관대함으로 새롭게 되었습니다. 이 은총은 과부에게는 보호자를, 고아에게는 성도들의 임금이신 아버지를 주었습니다. 그래서 그분께서는 말씀하십니다. 불의한 자야, 네가 과부를 고약하게 다룰 때, 너는 과부들을 섭리로 보살피시는 분에게 대드는 것이다. 네가 고아들을 다치게 할 때, 너는 하느님의 자녀들에게 불의를 행하는 것이다. '나는 고아들의 아버지, 과부들의 보호자다.' 누가 감히 불경하게 하느님의 자녀들에게 나쁜 짓을 하고 하느님의 섭리 아래 있는 과부들에게 무례하게 굴겠습니까?

10. 그분께서 신심의 약을 얼마나 이롭게 만드시는지 알겠습니까? 그분께서는 당신 자신은 갈라짐 없이, 어떤 이들에게는 겁을 주시고 다른 이들에게는 자비로우십니다. 오히려 그분은 인간들의 생각에 따라 행동하십니다. 그러니 형제 여러분, 우리는 참회를 구원의 약으로 삼킵시다. 아니, 우리를 치유하는 참회를 하느님께 받읍시다. 참회는 우리가 하느님께 드리는 것이 아니라, 하느님께서 우리에게 주시는 것이기 때문입니다. 모세의 율법 준수와 관련하여 그분께서 얼마나 준엄하신지 압니까? 복음의 은총에서 그분께서 얼마나 인간을 사랑하시는 분다운지 압니까? 내가 율

법 시대에 그분의 준엄함이라고 말한 것은 그분의 심판을 비난하는 것이 아니라, 복음적 은총의 자애를 선포하려는 것입니다. 율법은 죄지은 이들을 사정없이 벌하였지만, 은총은 바로잡을 수 있도록 인내와 참을성으로 처벌을 미룹니다. 그러므로 형제 여러분, 참회를 구원을 위한 약으로 받아들입시다. 참회는 말로 하는 것이 아니라 행동으로 확인됩니다. 마음에서 불경의 더러움을 지우는 참회입니다. "너희 자신을 씻어 깨끗이 하여라. 내 눈앞에서 너희의 악한 행실들을 치워 버려라"(이사 1,16). 덧붙은 말의 목적은 무엇입니까? "너희의 악한 행실들을 치워 버려라"라는 구절만으로도 모든 것을 드러내기에 충분하지 않습니까? 왜 "내 눈앞에서"라고 하셨습니까? 하느님의 눈은 인간의 눈과 달리 보기 때문입니다. 다시 말해, "사람들은 눈에 들어오는 대로 보지만 주님은 마음을 보십니다"(1사무 16,7). '참회에 핑계를 뒤섞지 마라. 감추어진 것도 보는 내 눈앞에서는 참회의 열매를 드러내어라'라고 그분께서는 말씀하십니다.

제4장 파멸에 더디시고 구원에 재빠르신 하느님

11. 우리는 죄들에서 깨끗해질 수 있도록 언제나 우리 눈

앞에 이 죄들을 두어야 합니다. 하느님께서는 관대한 처분으로 여러분의 죄를 용서하시지만, 여러분은 여러분 영혼의 안전을 위해 언제나 자기 눈앞에 죄를 두어야 합니다. 과거의 죄에 대한 기억은 미래의 죄에 걸림돌이 되며, 과거의 죄에 물린 적 있는 사람은 다음에는 굳건히 버티리라는 의지를 드러내기 때문입니다. 다윗은 이렇게 말합니다. "저의 잘못이 늘 제 앞에 있습니다"(시편 51,5). 과거의 죄를 늘 자기 눈앞에 두고 앞으로 죄에 빠지지 않기 위해서입니다. 하느님께서는 우리에게 이러한 굳센 자세를 요구하십니다. 하느님의 말씀을 들어 봅시다. "나, 바로 나는 나 자신을 위하여 너의 악행들을 씻어 주는 이. 내가 너의 죄를 기억하지 않으리라. 내 기억을 되살려 보아라. 우리 함께 시비를 가려 보자. 너 말해 보아라, 네가 옳다는 것이 밝혀지도록"(이사 43,25-26).

12. 하느님께서는 참회한 뒤 시간이 많이 지나는 것을 기다리지 않으십니다. 여러분이 자기 죄를 말씀드렸으면, 이미 의롭게 되었습니다. 여러분이 뉘우쳤으면, 이미 자비를 입었습니다. 시간이 용서하는 것이 아닙니다. 뉘우치는 사람의 태도가 죄를 없애는 것입니다. 어떤 이는 오랜 시간 기

참회에 관한 설교

다려서도 구원을 얻지 못할 수도 있고, 또 다른 이는 진실하게 고백한 뒤 짧은 시간 안에 죄를 벗을 수도 있습니다. 복된 사무엘은 사울의 자격에 관해 하느님께 오랫동안 간청했고, 그 죄인의 구원을 위해 수많은 밤들을 깨어 지새웠습니다. 그러나 죄인의 참회가 없어서 예언자의 간청에 힘이 실리지 못했기에, 하느님께서는 시간이 흐르도록 두시다가 당신 예언자에게 말씀하셨습니다. "너는 언제까지 이렇게 슬퍼하고만 있을 셈이냐? 나는 이미 사울을 이스라엘의 임금 자리에서 밀어냈다"(1사무 16,1). "언제까지"라는 말은 간청한 이의 끈기와 오랜 시간을 드러냅니다. 하느님께서는 예언자가 간청한 긴 기간을 인정하지 않으셨습니다. 임금의 참회가 없어서 의인의 전구에 도움이 되지 않았기 때문입니다. 그러나 거룩한 나탄 예언자의 질책에 자기 죄를 인정하고, 위협을 듣자 곧바로 참된 회심을 드러내며 "내가 주님께 죄를 지었소"(2사무 12,13)라고 말했던 다윗의 경우에는, 결정적 순간에 그에게서 나온 진심 어린 한마디가 곧바로 참회자에게 구원을 가져다주었습니다. 그가 결심하자 곧바로 바로잡히기 시작했습니다. 그래서 나탄은 "주님께서 임금님의 죄를 용서하셨습니다"(2사무 12,13)라고 말합니다.

13. 제발 잘 들어 보십시오. 하느님께서는 처벌에 더디시고 구원에 재빠르십니다. 우선 인간을 사랑하시는 분께서 여러 해가 흐른 뒤에야 질책하셨다는 것을 생각하십시오. 다윗은 죄를 지었고, 여인은 아이를 밴 상태였으며, 죄를 지은 뒤 곧바로 비난이 쏟아지지는 않았습니다. 그러나 그 죄에서 아기가 태어나자, 죄를 치유할 의사가 파견됩니다. 왜 그분께서는 그가 죄를 지은 바로 그 순간 곧장 그를 바로잡지 않으셨을까요? 죄가 한창일 때에는 죄짓는 이들의 영혼이 눈멀어 있으며, 죄에 깊이 빠져 있는 이들은 귀가 멀어 있음을 그분께서는 아시기 때문입니다. 그래서 그분께서는 욕정이 불붙고 있을 때에는 도움의 손길을 미루십니다. 오랜 시간이 흘러 비난이 가까워지면, 결정적 순간에 그분께서 참회와 죄의 용서를 주십니다. "주님께서 임금님의 죄를 용서하셨습니다"(2사무 12,13). 겁주셨던 분께서 얼마나 큰 경륜을 드러내십니까! 그분께서 얼마나 구원에 재빠르신지 알겠습니까? 그분께서는 다른 이들에게도 똑같이 하십니다. 그분께서는 파멸에 더디시고 구원에는 빠르십니다. 우리 인간은, 예를 들어 건축물들을 지으려면 여러 해가 걸리고, 집을 한 채 짓는 데도 긴 시간이 듭니다. 우리는 짓는 데

참회에 관한 설교

는 오래 걸리지만, 허무는 것은 금방입니다. 하느님께서는 정반대입니다. 하느님께서 지으실 때는 금방 지으십니다. 하지만 허무실 때는 아주 천천히 하십니다. 하느님께서는 지으실 때 빠르시고 허무실 때 더디십니다. 이것이 하느님답기 때문입니다. 다시 말해, 짓는 것은 하느님의 권능을 드러내고 허무는 것은 하느님의 선하심을 드러냅니다. 그분께서는 넘치는 권능으로 빠르십니다. 그리고 커다란 선하심으로 더디십니다.

14. 말씀을 살펴보면 이를 증명할 수 있습니다. 하느님께서는 엿새 만에 하늘과 땅, 큰 산과 들판, 골짜기와 계곡, 숲과 나무, 샘과 강, 동산, 우리가 보는 온갖 것들, 이 크고 넓은 바다와 섬들, 해안 지역과 내륙 지역을 창조하셨습니다. 우리가 보는 이 세상 전체와 그 안의 모든 아름다운 것을 하느님께서는 엿새 만에 창조하셨습니다. 이 세상에 존재하는 지각 있는 짐승들과 지각없는 것들, 우리 눈에 보이는 모든 장식을 그분께서는 엿새 만에 창조하셨습니다. 짓는 데 빠르신 분께서 한 도성을 멸망시키기로 결심하셨을 때, 그분께서는 당신의 선하심 때문에 더디셨습니다. 그분께서는 예리코를 무너뜨리고자 하셨고, 이스라엘에게 이렇게 말씀

하셨습니다. "저 성읍 둘레를 이레 동안 에워싸라. 그러면 이렛날에 성벽이 무너져 내릴 것이다"(여호 6,3-5 참조). 엿새 만에 온 세상을 세우신 하느님, 당신께서 한 성읍을 없애는 데 이레가 걸린다고요? 당신의 힘을 가로막는 것이 무엇입니까? 왜 한 번에 없애지 않으십니까? 예언자는 당신을 대신하여 이렇게 외치지 않습니까? "당신께서 하늘을 찢고 내려오신다면 당신 앞에서 산들이 뒤흔들리고, 불 앞에서 녹아내리는 밀초 같으리이다"(참조: 이사 64,1-2; 미카 1,4). 다윗은 당신의 힘으로 이루신 일들을 전하며 이렇게 말하지 않습니까? "우리는 두려워하지 않네. 땅이 뒤흔들린다 해도, 산들이 바다 깊은 곳으로 빠져든다 해도"(시편 46,3). 당신께서는 산을 옮기고 바다에 빠뜨리실 수도 있는 분이신데, 당신을 거역하는 성읍 하나를 치기를 바라지 않으시고, 이를 파괴하는 데 이레나 잡으십니까? 왜입니까? 그분께서 말씀하십니다. '내 힘이 다 빠져서가 아니다. 인간을 향한 내 사랑이 참을성 있기 때문이다. 니네베에 사흘을 주었듯, 이레를 준다. 그 성읍이 참회의 선포를 받아들이고 구원될 수 있게 하기 위해서다.' 그들에게 참회를 선포하는 이는 누구입니까? 적들이 성읍을 포위했고, 군인들이 성벽을 둘러싸고 있으며, 두려움이 커졌습니다. 그분께서는 그들을 위해 어떤 참회의 길을 열어 주셨습니까? 혹시 당신께서 그들에게 예언자를 보내셨습니까? 혹시 당신께서 복음사가를 보내셨습니까? 혹시 그들을 위해 길을 알려 줄 누군가가 있습니까? 그분께서 말씀하십니다. '그렇다. 나는 그들에게 참회를 가르치기 위해 그들의 성읍 안에 그 훌륭한 라합을 두었다. 참회를 통해 내가 구원한 이다. 똑같은 반죽으로 빚어졌지만 라합은 마음가짐이 달랐고, 죄에 동참하지도 다른 이들의 불충을 본받지도 않았다.'

제5장 라합의 믿음

15. 내 말을 잘 들어 보십시오. 인간을 향한 하느님 사랑의 선포는 얼마나 오묘합니까! 율법에서 "간음해서는 안 된다"(탈출 20,14), "불륜을 저질러서는 안 된다"고 말씀하신 분께서 당신의 관대함으로 계명까지 바꾸시며, 복된 여호수아를 통해 "창녀 라합은 살려 주어라"(여호 6,17) 하고 말씀하십니다. "그 창녀를 살려 주어라"라고 말한 눈의 아들 여호수아는, "세리와 창녀들이 너희보다 먼저 하느님의 나라에 들어간다"(마태 21,31)고 말씀하시는 주 예수님의 예형입니

다. 그가 살아야 한다면 어째서 그가 창녀일 수 있습니까? 그가 창녀라면 왜 그가 살아야 합니까? 그분께서 말씀하십니다. '내가 그 여인의 예전 처지에 대해 이야기하는 것은 그 이후에 그의 변화에 네가 놀라게 하려는 것이다.' '그분께서 구원하신 라합이 무슨 일을 했습니까?' 그 여인이 정탐꾼들을 평화롭게 맞아들였습니까? 여관 주인도 그 정도는 합니다. 그러나 라합은 말로만이 아니라 그 이전에 믿음으로, 또 하느님 앞에 준비된 마음가짐으로 구원의 열매를 거두었습니다.

16. 라합의 풍요로운 신앙을 배울 수 있도록, 그가 이룩한 것을 빠짐없이 묘사하고 증언하는 성경에 귀 기울여 보십시오. 그는 진흙 속의 진주처럼, 진창에 던져진 금처럼, 가시덤불 속에 숨겨진 신심의 장미처럼, 불경한 장소에 갇힌 신실한 영혼으로 사창가에 있었습니다. 잘 깨달을 수 있도록 집중하십시오. 그는 정탐꾼들을 받아들였고, 광야에서 이스라엘이 거부했던 분을 받아들였습니다. 라합은 사창가에서 이분을 선포했습니다. 방금 내가 이스라엘이 광야에서 어떻게 했다고 말했습니까? 산에 구름과 어둠, 나팔소리와 번개와 다른 엄청난 것들이 가득할 때, 이스라엘은 불 가

운데에서 하느님의 소리를 들었습니다. "이스라엘아, 들어라! 주 우리 하느님은 한 분이신 주님이시다"(신명 6,4). "너에게는 나 말고 다른 신이 있어서는 안 된다"(탈출 20,3). "주님께서는 위로는 하늘에서, 아래로는 땅에서 하느님이시며, 다른 하느님은 없다"(신명 4,39). 이스라엘은 이를 듣고도 금송아지상을 세우고 하느님을 부정했습니다. 이스라엘은 주인님을 무시하고, 은인을 부정하고, 아론에게 "우리를 이끄실 신을 만들어 주십시오"(탈출 32,1)라고 말했습니다. 그러나 그대들이 신을 원한다면 왜 '만들어 달라'고 합니까? 어떻게 만들어 낸 것이 신이 될 수 있습니까? 악은 그렇게나 눈을 멀게 합니다. 그리고 자신과 싸우고 자신을 파멸시킵니다. 그들은 수송아지상을 만들었고, 배은망덕한 이스라엘은 "이스라엘아, 이분이 너를 이집트 땅에서 데리고 올라오신 너의 신이시다"(탈출 32,4) 하고 외칩니다. '이분이 신이시다.' 그들은 수송아지상을 보고 있습니다. 그들이 세운 것은 우상 하나입니다. 그런데 왜 "이분들이 너의 신이시다" 하고 말합니까? 자기 눈앞의 상만이 아니라 자신이 상상하는 모든 신까지 숭배한다는 뜻을 드러내려는 것입니다. 이스라엘은 자기 말만 늘어놓고, 자기 눈앞의 것을 판단하려 하지 않습니다. 우리 주제로 돌아가 봅시다. 수많은 기적에 둘러싸여 있고 수많은 율법으로 교육을 받던 이스라엘은 자신이 들은 것을 완전히 부인했습니다. 반면 사창가에 갇혀 있던 라합은 그들을 가르칩니다. 그는 정탐꾼들에게 이렇게 말합니다. "우리는 주님께서 이집트인들에게 하신 일을 전부 압니다"(여호 2,9 참조). 유대인은 "이분이 너를 이집트 땅에서 데리고 올라오신 너의 신이시다"(탈출 32,4)라고 말합니다. 그러나 이 창녀는 신들이 아니라 하느님께 구원의 덕을 돌립니다. "우리는 주님께서 광야에서 이집트인들에게 하신일을 전부 듣고 알고 있습니다. 우리는 그 소식을 듣고 마음이 녹아내렸고 아무도 용기가 나지 않았습니다. 우리는 하느님께서 당신들에게 하신 일을 모두 압니다"(여호 2,9 이하 참조). 라합이 신앙으로 어떻게 입법자의 말씀을 자기 입에 올리는지 보입니까? "주 당신들의 하느님만이 위로는 하늘에서, 아래로는 땅에서 하느님이십니다"(여호 2,11; 신명 4,39 참조). 라합은 한때는 마귀들의 불륜 속에 뒤섞여 있었으나 이제는 그리스도의 정탐꾼들, 눈의 아들 여호수아가 보낸 심부름꾼들이 아니라 참구원자이신 예수님께서 파견하신 사도들을 받아들인 교회의 예형입니다. "주 당신들의 하느님만이 위로는 하늘에서, 아래로는 땅에서 하느님이십니다." 유대인들은 이런 것들을 받았으나 지키지 못했습니다. 교회는 이런 것들을 듣고 간직했습니다. 그러니 교회의 예형인 라합은 모든 칭송을 받을 만합니다.

17. 이런 까닭에, 라합의 신앙을 높이 평가하고 그의 과거 때문에 그를 무시할 것이 아니라 하느님께서 그에게 일으키신 변화 덕분에 그를 인정해야 한다고 여겼던 거룩한 바오로는 라합을 다른 모든 성인과 나란히 꼽습니다. "믿음으로써 아벨은 카인보다 나은 제물을 바쳤고 … 믿음으로써 아브라함은"(히브 11,4.8 참조) 이러저러한 것을 이루었으며, 믿음으로써 노아는 방주를 마련하였고, 믿음으로써 모세는 수많은 일을 성취하고 이룩했습니다. 그 뒤로도 많은 성인을 상기시킨 뒤, 바오로는 마지막에 이렇게 덧붙였습니다. "믿음으로써, 창녀 라합은 정탐꾼들을 평화로이 맞아들이고 다른 길로 떠날 수 있도록 일러 주었기에, 순종하지 않은 자들과 함께 망하지 않았습니다"(히브 11,31 참조). 라합이 얼마나 큰 지혜와 예지를 결합시켰는지 잘 보십시오. 임금이 보낸 이들이 와서 정탐꾼들을 내놓으라고 하며 라합에게 "여기 사람들이 와서 네 집에 들어왔느냐?"(여호 2,4 참조) 하고 묻

자, 그는 '그 사람들이 저에게 온 것은 맞습니다' 하고 대답했습니다. 먼저 진실을 세워 놓고, 그 위에 거짓말을 올립니다. 진실을 먼저 드러내지 않는다면 이런 거짓말은 믿을 만한 것이 될 수 없기 때문입니다. 이런 까닭에 거짓말을 하는 사람들은 믿을 만하게 보이려고 먼저 진실을 말하고 고백한 다음, 거짓말과 의심쩍은 것들을 덧붙입니다. '정탐꾼들이 여기 네 집에 들어왔느냐?' 하자, '맞습니다' 하고 대답합니다. 처음부터 '아니요'라고 대답했다면, 임금이 보낸 사람들이 수색했을 것입니다. 그러나 라합은 '그 사람들이 저에게 온 것은 맞습니다만, 어느 어느 길로 빠져나갔습니다. 그들의 뒤를 쫓아가면 따라잡을 수 있을 것입니다'라고 말합니다. 이 선한 거짓말이여! 거룩한 것을 배반하지 않고 신성한 것을 지키는 이 선한 속임수여! 참회로 말미암아 라합이 그런 구원에 맞갖게 되었다고 성인들의 입이 선포한다면, 예컨대 눈의 아들 여호수아는 광야에서 '창녀 라합은 살려 주어라'라고 외치고, 바오로는 '믿음으로써, 창녀 라합은 순종하지 않은 자들과 함께 망하지 않았습니다'라고 말한다면, 하물며 우리는 하느님께 참회를 바칠 때 더더욱 구원을 받지 않겠습니까? 우리가 살아 있는 동안은 참회를 위한 시간입니다. 참회가 벌을 미리 없애 주지 않는다면, 우리를 억누르는 죄는 더욱 두려운 것이 됩니다. "고백하며 그분 앞으로 나아가세"(시편 95,2 참조). 죄의 큰 불길을 끕시다. 많은 물도 필요 없습니다. 눈물 몇 방울이면 됩니다. 죄의 불길은 큽니다. 그러나 눈물 조금으로 꺼집니다. 눈물은 죄의 큰 불길을 꺼뜨리고 죄의 악취를 완전히 씻어 내기 때문입니다. 복된 다윗은 많은 눈물이 어떻게 큰 힘을 얻는지 이런 말로 드러내며 증언합니다. "저는 밤마다 울음으로 잠자리를 적시며 눈물로 제 침상을 물들입니다"(시편 6,7). 참으로 다윗이 자신의 눈물이 얼마나 많은지 보여 주고 싶었다면, "눈물로 제 침상을 물들입니다"라고만 말해도 충분했을 텐데 왜 그는 "울음으로 잠자리를 적신다"고 덧붙였을까요? 눈물은 죄를 모두 씻어 내는 세례라는 것을 보여 주기 위해서입니다.

제6장 참회에 날개를 달아 주는 자선

18. 죄는 모든 악의 원인입니다. 죄를 통해 고통이 오고, 죄에서 소란이 일어나며, 죄에서 전쟁이 일어나고, 죄에서 질병들과 우리를 공격하는 불치병 같은 욕정들이 옵니다.

명의들이 눈에 보이는 고통을 살피기보다는 그 원인을 들여다보듯이, 구원자께서는 죄가 인간 내면의 모든 악의 원인임을 보여 주시고자 몸이 말라비틀어진 병자에게 이렇게 말씀하십니다. 영혼의 의사께서는 그의 영혼이 먼저 마비된 다음 그의 육신이 마비된 것을 아셨기 때문입니다. "자, 너는 건강하게 되었다. 더 나쁜 일이 너에게 일어나지 않도록 다시는 죄를 짓지 마라"(요한 5,14). 앞에서 말한 그 질병의 원인도 죄였습니다. 또한 죄는 손상과 고통의 이유이기도 합니다. 죄는 모든 불행의 기회입니다.

19. 그러나 나는, 처음부터 인간에게 죄에서 비롯하는 고통을 주셨던 하느님께서 어떻게 한 번의 결심으로 당신의 결정을 폐기하시고 판결과 심판을 내쫓으시는지 보고 놀랍니다. 어떻게 된 일인지 들어 보십시오. 고통이 죄를 통해 오고, 고통을 통해 죄가 없어집니다. 잘 들어 보십시오. 하느님께서 여인을 위협하시고, 그에게 불순종의 벌을 내리시며 말씀하십니다. "너는 괴로움 속에서 자식들을 낳으리라"(창세 3,16). 그분께서는 죄의 열매인 고통을 보여 주셨습니다. 그러나 그분께서는 얼마나 후하십니까! 벌로 주셨던 것을 그분께서는 구원으로 바꾸어 주셨습니다. 죄는 고통

을 낳았습니다. 그런데 고통이 죄를 파괴합니다. 나무에서 태어난 벌레가 그 나무를 갉아 먹듯이, 죄에서 태어난 고통은 거기에 참회가 더해지면 죄를 죽입니다. 이런 까닭에 바오로는 "하느님의 뜻에 맞는 슬픔은 회개를 자아내어 구원에 이르게 하므로 후회할 일이 없습니다"(2코린 7,10)라고 말합니다.

20. 고통은 진심으로 뉘우치는 이들에게 유익합니다. 죄에 맞갖은 슬픔은 죄짓는 이들에게 어울립니다. "행복하여라, 슬퍼하는 사람들! 그들은 위로를 받을 것이다"(마태 5,4). 벌을 한탄하지 않도록 죄를 슬퍼하십시오. 법정에 나서기 전에 재판관께 잘못을 비십시오. 재판에서 이기려는 사람은 누구나 재판관에게 잘 보이려 하고, 재판이 진행되고 있을 때가 아니라 법정에 들어가기 전에, 친구나 변호인이나 다른 길을 통해서라도 재판관을 구슬린다는 것을 모릅니까? 하느님께도 마찬가지입니다. 법정의 시간에 재판관을 설득할 수는 없습니다. 심판 전에 재판관에게 간청할 수는 있습니다. 이런 까닭에 다윗은, "고백하며 그분 앞으로 나아가세"(시편 95,2)라고 말했습니다. 거기서는 변론술로 위대한 재판관의 판단을 흐릴 수 없습니다. 그분을 권력으로 누그

러뜨릴 수도 없습니다. 그분께서는 높은 지체로도 설득되지 않으십니다. 어느 누구도 그분을 부끄럽게 만들 수 없습니다. 그분을 돈으로 타락시킬 수도 없습니다. 그분의 의로운 판결은 놀랍고 휘지 않으십니다. 그러니 우리는 그분께 부탁하고 그분을 우리 편으로 끌어들입시다. 우리 힘을 다해 그분께 자주 간청합시다. 그러나 돈으로가 아닙니다. 아니, 사실 인간을 사랑하시는 분께서는 돈으로 설득되십니다. 당신이 직접 받으시지는 않지만 가난한 이들을 통해 받으십니다. 가난한 이들에게 돈을 주십시오. 그러면 재판관을 달래는 것입니다.

21. 여러분을 걱정해서 이런 말씀을 드리는 것입니다. 자선 없는 참회는 시체이며, 날개가 없는 것입니다. 참회는 자선의 날개 없이는 높이 날 수 없습니다. 이런 까닭에 자선은 올바르게 참회한 코르넬리우스에게 신심의 날개가 되었습니다. 천사는 "너의 기도와 너의 자선이 하느님 앞으로 올라가 좋게 기억되고 있다"(사도 10,4)고 말했습니다. 그의 참회가 자선이라는 날개를 갖지 못했다면, 하늘에 닿을 수 없었을 것입니다. 그러니 오늘 자선의 장터가 열렸습니다. 우리는 포로들과 가난한 이들을 봅니다. 장터를 배회하는 모든

이를 봅니다. 울부짖는 이들을 봅니다. 슬피 우는 이들을 봅니다. 한숨짓는 이들을 봅니다. 우리 앞에 놀라운 축제가 있습니다. 축제의 목적은 다른 데 있지 않습니다. 장사꾼들은 물건을 싸게 사서 비싸게 파는 것 말고는 다른 생각이 없습니다. 그것이 모든 장사꾼의 목적 아니겠습니까? 혹시라도 싸게 산 물건을 비싼 값에 팔아 이익을 많이 남기는 것 말고 다른 이유로 장사에 뛰어드는 사람이 있습니까?

22. 하느님께서 우리 앞에 그런 축제를 여십니다. 훗날 비싼 값에 되팔 수 있도록 싼값에 의로움을 사십시오. 되갚는 것을 장사라고 부를 수 있다면 말입니다. 여기서 의로움은 빵 한 부스러기, 허름한 옷가지 하나, 한 잔의 물처럼 보잘것없는 값에 팔립니다. "내가 진실로 너희에게 말한다. 시원한 물 한 잔이라도 마시게 하는 이는 자기가 받을 상을 결코 잃지 않을 것이다"(마태 10,42). 시원한 물 한 잔이 상을 가져옵니다. 선행을 위해 내놓은 옷과 돈이 상을 내리지 않겠습니까? 이것들은 상을 가져옵니다. 큰 상을 가져옵니다. 왜 그분께서는 시원한 물 한 잔이라고 하셨습니까? 그분께서는 자선이란 모름지기 한 푼도 들지 않는다고 말씀하고 계십니다. 물 한 잔에는 땔감도, 다른 어떤 것도 들지 않

습니다. 돈이 들지 않는 선물에도 선행이 그렇게 큰 은총을 받는다면, 옷가지들을 넉넉히 주거나 돈을 주거나 다른 남는 물건들을 내어 줄 때는 얼마나 큰 상을 의로우신 심판관께 기대할 수 있겠습니까? 우리 앞에 덕이 있고 값싸게 팔리는 것을 볼 때마다, 후하신 분께 그 상을 받읍시다. 그것을 꽉 움켜쥐고, 사들입시다. 그분께서 말씀하십니다. "자, 목마른 자들아, 모두 물가로 오너라. 돈이 없는 자들도 와서 사 먹어라"(이사 55,1). 축제가 열리는 동안, 자선을 삽시다. 아니, 자선을 통해 구원을 삽시다. 여러분이 가난한 이들을 입히면 그리스도를 입히는 것입니다. 하느님께서 말씀하시는 이러한 것들을 나는 잘 알고 완전히 이해하며 예전부터 알고 있었습니다. 당신께서 처음으로 저에게 이러한 것들을 가르치신 것이 아닙니다. 우리는 당신께 이런 것들을 처음으로 들은 것이 아닙니다. 당신께서 하신 말씀은 처음 듣는 이야기가 아니라, 여기서 볼 수 있는 가난한 이들의 본보기를 통해 수없이 우리가 배워 온 그런 이야기였습니다. 나도 이것을 압니다. 나는 여러분이 이런 것들과 또 그 비슷한 것들을 수없이 배워 왔음을 압니다. 그러나 우리가 그것들을 여러 차례 배웠기에, 하느님께서는 우리가 잠시라도 선한

참회에 관한 설교

일을 하도록 허락해 주십니다.

23. 가난한 이들에게 자비를 베푸는 사람은 누구나 하느님께 꾸어 드리는 것입니다. 하느님께 자선을 꾸어 드리고, 대신 우리는 그분께 관대함을 받읍시다. 아, 얼마나 지혜로운 말입니까! "가난한 이에게 자비를 베푸는 사람은 주님께 꾸어 드리는 이"(잠언 19,17). 왜 "가난한 이에게 자비를 베푸는 사람은 하느님께 드리는 이"라고 하지 않고, "꾸어 드리는 이"라고 했을까요? 성경은 우리의 탐욕을 알았고, 우리의 채워질 줄 모르는 욕망을 알았습니다. 그 욕망은 탐욕을 갈망하며 탐욕으로 기울고, 과도한 것을 청합니다. 이런 까닭에 여러분이 그 보상이 그만저만할 것이라고 생각하지 않도록, 그저 "가난한 이에게 자비를 베푸는 사람은 주님께 드리는 이"라고 하지 않고, "가난한 이에게 자비를 베푸는 사람은 주님께 꾸어 드리는 이"라고 한 것입니다. 하느님께서 우리에게 꾸어 가셨으니, 그분께서 우리의 채무자가 되십니다. 여러분은 그분을 심판관으로 모시고 싶습니까, 아니면 여러분에게 빚진 이가 되시게 하고 싶습니까? 빚진 이는 꾸어 준 이를 존경하지만, 심판관은 자신에게 꾸어 간 이를 존경하지 않습니다.

24. 그런데 왜 하느님께서 '가난한 이에게 자비를 베푸는 사람은 나에게 꾸어 주는 이'라고 말씀하셨는지 다른 식으로도 살펴볼 필요가 있습니다. 앞에서 말씀드린 것처럼, 그분께서는 우리의 탐욕이 얼마나 과도해지는지도 아시고, 돈 있는 사람치고 아무 담보 없이 빌려 줄 사람은 아무도 없다는 것도 아십니다. 꾸어 주는 사람은 저당이나 담보물이나 보증을 요구하며, 확실한 이 세 가지 경우에만 자기 돈을 내어 주기 때문입니다. 곧, 앞에서 말한 것처럼 보증인이나 저당권 설정자나 전당포 주인에게만 자기 돈을 맡깁니다. 이런 것 없이는 아무도 돈을 꾸어 주거나 선행을 고려하지 않으며 그저 이윤만 추구한다는 것을 하느님께서는 아십니다. 그러나 가난한 사람에게는 이런 것들이 있을 리 없습니다. 그는 자력으로는 아무것도 조달할 수 없으니 저당 잡힐 것도 없고, 벌거숭이 신세라 담보를 맡길 것도 없으며, 가난해서 아무도 그를 신뢰하지 않으니 보증인을 세울 수도 없습니다. 가난한 사람은 극빈으로 위험에 처해 있고, 부자는 몰인정으로 말미암아 위험해진 것을 아셨을 때, 하느님께서는 마치 가난한 사람에게는 보증인처럼, 또 채권자

에게는 전당업자처럼 몸소 그들 사이에 개입하셨습니다. 그분께서는 '그의 가난 때문에 네가 그를 믿지 못한다면, 나는 풍요로우니 나를 믿어라' 하고 말씀하십니다. 그분께서는 가난한 사람을 보시고 자비를 베풀어 주셨습니다. 그분께서는 가난한 사람을 보시고 외면하지 않으셨습니다. 오히려 그분께서는 아무것도 가진 것 없는 이에게 당신 자신을 담보로 내어 주셨고, 당신의 풍요로운 선하심으로 가난하고 의지할 데 없는 이들 편에 서 주셨습니다. 복된 다윗은 인간에 대한 하느님의 이러한 사랑을 증언하며 이렇게 말합니다. "주님께서는 불쌍한 이의 오른쪽에 서시기 때문일세"(시편 109,31). "가난한 이에게 자비를 베푸는 사람은 주님께 꾸어 드리는 이"(잠언 19,17). 그분께서 말씀하십니다. '용기를 내어라. 나에게 꾸어 다오.'

25. 당신께 꾸어 드리면 저는 어떤 중요한 것을 얻습니까? 사실 하느님께 셈을 요구하는 것은 매우 부당한 일이기는 합니다. '그러나 너희의 불법을 어떻게든 받아들이고, 그 극단적 단절을 인간에 대한 나의 사랑으로 없애기 위해, 이들을 비교해 보자. 누군가에게 돈을 꾸어 줄 때, 너희는 무엇을 얻느냐? 나에게 이자로 무엇을 바라느냐? 어떻게든

율법 안에 있으려고 너희는 백분의 일 이자를 요구하지 않느냐? 너희의 채워지지 않는 욕심대로 했더라면, 너희는 불의의 열매도 두 배, 세 배로 거두었을 것이다. 그러나 나는 너희의 탐욕을 물리친다. 나는 너희의 채워지지 않는 식탐을 뛰어넘는다. 너희의 과도함을 나의 풍요로움으로 덮고도 남는다. 너희는 백분의 일 이자를 요구하지만, 나는 백 배 더 준다.' 나중에 죄인은 '주님, 꾸어 가십시오'라고 말할 것입니다. 당신은 내가 가난한 이들을 위해 따로 떼어 둔 자비의 성금을 꾸어 가시어, 똑같은 자비로 나에게 갚으실 것입니다. 주님께서 응답하십니다. '네 구원을 위한 거래를 맺고자 나는 계약 사항들을 요구한다. 정확한 변제 기일을 밝혀라. 확실한 상환 기일을 정해라.' 나는 대답합니다. '정말이지 이는 불필요한 일입니다.' 왜냐하면 "주님께서는 그 모든 말씀에 참되시기"(시편 145,13) 때문입니다. 그러나 신용으로 빌려 가는 사람은 누구나 햇수를 세고 날수를 정하는 것이 관례이고 목표이니, 가난한 이들을 통해 꾸어 가신 분께서 언제 어디서 빚을 갚으실지 들어 보십시오. "사람의 아들이 자기의 영광스러운 옥좌에 앉을 때, 그는 양들은 자기 오른쪽에, 염소들은 왼쪽에 세울 것이다. 그때에 임금이 자기

참회에 관한 설교

오른쪽에 있는 이들에게 이렇게 말할 것이다"(마태 25,31-37 참조). 은혜를 베푸시는 분께서 당신께 꾸어 주는 이들에게 얼마나 친절하신지, 꾸어 가신 분께서 얼마나 큰 은총으로 되갚으시는지 보십시오. "내 아버지께 복을 받은 이들아, 와서 세상 창조 때부터 너희를 위하여 준비된 나라를 차지하여라." 무엇 때문에 말입니까? "너희는 내가 굶주렸을 때에 먹을 것을 주었고, 내가 목말랐을 때에 마실 것을 주었으며, 내가 헐벗었을 때에 입을 것을 주었고, 내가 감옥에 있을 때에 찾아 주었다. 내가 병들었을 때에 돌보아 주었으며, 내가 나그네였을 때에 따뜻이 맞아들였다." 그러자 자신의 약함과 빌리시는 분의 지위를 잘 알고 적절한 때에 그분을 잘 보살폈던 이들은 이렇게 말합니다. "주님, 저희가 언제 주님께서 굶주리신 것을 보고 먹을 것을 드렸고, 목마르신 것을 보고 마실 것을 드렸습니까?" "모든 눈이 당신께 바라고 당신께서는 그들에게 먹을 것을 제때에 주십니다"(시편 145,15). 아, 그분의 위대한 선하심이여! 그분께서는 자비로 말미암아 당신 지위를 감추십니다. '너희는 내가 굶주렸을 때에 먹을 것을 주었다.' 아, 그분의 크나큰 선하심이여! 아, 그 끝없는 친절이여! 모든 육신을 먹이시고 당신의 손을 벌리시어 살아 있는 모든 것을 호의로 배불리시는(시편 145,16 참조) 분께서, '너희는 내가 굶주렸을 때 먹을 것을 주었다'고 말씀하십니다. 당신의 품위를 손상시키시기는커녕 오히려 가난한 이들에게 약속하신 당신의 사랑을 무한히 넓히시면서 말입니다. '너희는 내가 목말랐을 때에 마실 것을 주었다.' 이런 말씀을 하시는 분이 누구십니까? 호수와 강과 샘 솟는 물들로 자연을 가득 채우시는 분이십니다. 복음에서 "나를 믿는 사람은 성경 말씀대로 '그 속에서부터 생수의 강들이 흘러나올 것이다'"(요한 7,38)라고 확언하시는 분이십니다. "목마른 사람은 다 나에게 와서 마셔라"(요한 7,37)라고 말씀하신 분이십니다. 그러나 그분께서는 '너희는 내가 헐벗었을 때에 입을 것을 주었다. 너희는 하늘을 구름으로 입히고, 온 교회와 온 우주를 입히는 이에게 입을 것을 주었다'라고 말씀하십니다. "그리스도와 하나 되는 세례를 받은 여러분은 다 그리스도를 입었기"(갈라 3,27) 때문입니다. '내가 감옥에 있을 때에.' 당신께서 감옥에 계셨다고요? 포로들을 감옥 밖으로 이끄셨던 당신께서? 무슨 말씀이신지 설명해 주십시오. 당신의 지위는 그런 것에 어울리지 않기 때문입니다. 우리가 언제 당신께서 그런 어려움에 처하신 것을 보

참회에 관한 설교

있습니까? 우리가 언제 이런 일들을 했습니까? "너희가 내 형제들인 이 가장 작은 이들 가운데 한 사람에게 해 준 것이 바로 나에게 해 준 것이다"(마태 25,40). '가난한 이에게 자비를 베푸는 사람은 주님께 꾸어 드리는 이'라는 말이 거짓일 수 있겠습니까?

26. 놀라운 점에 주의를 기울이십시오. 그분께서는 어떤 다른 덕이 아니라 오직 이것을 그들에게 일깨우셨습니다. 그분께서는 '오너라, 복된 이들아. 너희는 건전한 정신을 지녔고, 동정생활을 지켰으며, 천상의 삶의 방식을 택했으니'라고 말씀하실 수도 있었습니다. 그러나 그분께서는 그런 것들에 대해서는 침묵하십니다. 그것들이 기억할 가치가 없어서가 아니라, 선행보다는 못하기 때문입니다. 당신 오른쪽에 두신 이들에게 그들의 인간애 덕분에 하늘나라를 받게 되었다고 드러내신 그분께서는 당신 왼쪽에 있는 이들에게는 그들의 무익함 때문에 영원한 벌로 위협하셨습니다. "저주받은 자들아, 나에게서 떠나 악마와 그 부하들을 위하여 준비된 영원한 불 속으로 들어가라"(마태 25,41). 왜입니까? 무슨 이유에서입니까? "너희는 내가 굶주렸을 때에 먹을 것을 주지 않았다"(마태 25,42). 그분께서는 '네가 불

류을 저질렀기 때문에, 네가 간음을 저질렀기 때문에, 네가 도둑질을 했기 때문에, 네가 거짓 증언을 했기 때문에, 네가 서약을 깼기 때문에'라고 하지 않으셨습니다. 참으로 이것들도 악한 것이고, 다들 그런 것들을 악하다고 고백합니다. 그러나 그것들은 몰인정과 무자비보다는 아래에 있습니다. 그런데 주님, 왜 당신은 다른 길들을 일깨우지는 않으십니까? '나는 죄가 아니라 몰인정을 심판한다. 나는 죄지은 이들이 아니라 참회하지 않는 이들을 심판한다. 나는 너의 몰인정을 엄중하게 심판한다. 모든 죄를 덮을 수 있는 그토록 큰 구원의 약인 자선을 지니고 있었음에도 네가 그러한 선행을 소홀히 했기 때문이다. 나는 악과 모든 불경의 뿌리인 몰인정을 꾸짖는다. 나는 인간애를 모든 선의 뿌리로 칭찬한다. 나는 몰인정한 자들을 영원한 불로 위협하고, 선행을 베푸는 이들에게는 하늘나라를 약속한다.'

27. 나의 주님, 당신의 약속들은 우리가 바라는 당신 나라만큼이나 좋습니다. 우리를 격려하기 때문입니다. 당신이 위협하시는 지옥은 악합니다. 우리를 두렵게 하기 때문입니다. 다시 말해, 하늘나라는 선으로 이끌고, 지옥은 유익하게 겁을 줍니다. 하느님께서 지옥으로 위협하시는 것은, 지

옥으로 떠밀어 보내기 위해서가 아니라 지옥에서 건져 내시기 위해서입니다. 그분께서 벌을 주고자 하셨으면, 미리 겁을 주시어 당신께서 협박하시는 것들을 우리가 안전하게 피할 수 있게 하지 않으셨을 터입니다. 그분께서는 우리가 벌을 실제로 겪지 않을 수 있도록 벌로써 위협하십니다. 그분께서는 행동으로 벌주시지 않으려고 말씀으로 겁을 주십니다. 그러니 하느님께 자선을 꾸어 드립시다. 앞서 말한 것처럼 그분을 심판관이 아니라 채무자로 만날 수 있도록 하느님께 꾸어 드립시다. 빚진 이는 꾸어 준 이를 존경하기 때문입니다. 존경하기도 하고 부끄러워하기도 합니다. 꾸어 준 이가 빚진 이의 집에 들어설 때, 가난한 채무자라면 도망치겠지만, 부유하신 채무자께서는 기꺼이 꾸어 준 이를 맞이하실 것입니다.

28. 여러분이 의로우신 심판관의 또 다른 기적을 볼 수 있도록 인간 세상의 예를 들어 볼 테니 제발 잘 들어 보십시오. 여러분이 현재 가난한 어떤 이에게 꾸어 주었는데 나중에 그가 번창하여 여러분에게 빚을 갚을 수 있게 되면, 그는 이전의 처지가 드러나 부끄러워지는 일이 없도록 세상이 알지 못하게 여러분에게 돌려줍니다. 그는 진심으로 은

혜를 고백하겠지만, 그 자선 행위는 숨깁니다. 예전의 가난이 부끄럽기 때문입니다. 그러나 하느님께서는 그렇게 하지 않으십니다. 그분께서는 은밀하게 빌리시고, 거리낌 없이 빚을 갚으십니다. 말하자면 그분께서는 가져가실 때에는 자선이 눈에 띄지 않게 가져가시지만, 갚으실 때에는 모든 피조물이 보는 앞에서 갚으십니다.

29. 이렇게 말하는 사람이 있을지도 모르겠습니다. '왜 그분께서는 부유한 나에게 주신 것처럼 가난한 이들에게는 똑같이 주시지 않으셨습니까?' 실로 그분께서는 그대에게 주셨던 것처럼 가난한 이들에게도 똑같이 주실 수도 있으셨습니다. 그러나 그분께서는 그대의 부가 열매를 맺지 않는 것도 바라지 않으셨고, 그의 가난에 상급이 따르지 않는 것도 바라지 않으셨습니다. 그분께서 부유한 그대에게 주신 것은 자선을 위해서, 그대가 의로움으로 나누어 주라고 주신 것입니다. "불쌍한 이들에게 후하게 나누어 주니 그의 의로움은 길이 존속하리라"(시편 112,9). 부자가 영원한 의로움을 쌓아 두고 있는 것을 알겠습니까? 가난한 이도 바라보십시오. 그는 의로움을 얻을 부를 가지고 있지 않았지만, 영원한 인내의 열매를 거둘 가난을 지니고 있었습니다. "가련

한 이들의 희망은 영원토록 헛되지 않으리라"(시편 9,19). 세
세대대로 영광 받으시는 우리 주 그리스도 안에서. 아멘.

제1장 날마다 죄짓는다면 날마다 참회하십시오

1. 어제는 여러분 곁을 떠나 있었습니다. 일부러 그런 것이 아니라, 그럴 만한 사정이 있었습니다. 그러나 몸은 떠나 있어도 마음은 그렇지 않았습니다. 여러분을 모두 꼭 품어 안고, 내 생각 속에 여러분을 담고 있었으니 말입니다. 형제 여러분, 나는 이번에 잠시 아프다가 회복되자 여러분 얼굴이 보고 싶어서 서둘렀고 아직 병이 다 낫지는 않았지만 여러분의 사랑을 향해 달음질쳐 왔습니다. 병에 걸렸던 사람은 병이 지나가고 나면 목욕과 목욕탕을 찾기 마련입니다. 그러나 나는 여러분의 소중한 얼굴을 보고 내가 마땅히 지녀야 할 열망을 채우는 쪽을 택했습니다. 나는 소금기도 없고 파도도 없는 이 드넓은 바다를 돌보러 왔습니다. 여러분이 말끔하게 갈아 놓은 땅을 보러 왔습니다.

2. 어떤 항구가 교회 같겠습니까? 어떤 낙원이 우리 회중 같겠습니까? 여기에는 못된 뱀이 도사리고 있지 않으며, [교회에] 입문시키시는 분이신 그리스도만이 계십니다. 여기에는 실수하고 넘어지게 하는 하와 대신 일으켜 세우는 교회가 있습니다. 여기에는 나뭇잎 대신 성령의 열매가 있습니다. 여기에는 가시 울타리 대신 무성한 포도밭이 있습니다. 내가 여기서 가시를 찾는다면 그것을 올리브 가지로 바꿔 놓을 것입니다. 여기서 벌어지는 일들은 가난한 본성을 지닌 것들이 아니고 선택의 자유를 누리기 때문입니다. 여기서 늑대를 본다면, 그 본성을 바꾸지 않고 오히려 선한 것을 선택하도록 변화시킴으로써 양이 되게 하겠습니다.

3. 그러므로 교회가 노아의 방주보다 낫다고 말해도 틀리지 않을 것입니다. 방주는 짐승들을 받아들여 짐승으로 보존하였습니다. 그러나 교회는 짐승들을 받아들여 변화시킵니다. 예컨대, 방주에 들어간 매는 여전히 매인 채로 방주를 나갔습니다. 늑대도 들어가서 늑대로 나갔습니다. 여기 교회에는 매로 들어와 비둘기가 되어 나갑니다. 늑대로 들어와 양이 되어 나갑니다. 뱀으로 들어와서는 어린양이 되어 나갑니다. 본성이 바뀌어서가 아니라 사악함을 몰아냈기

때문입니다. 내가 참회에 관해 자주 말씀드리는 것은 이 때문입니다.

4. 죄인들에게는 끔찍하고 무시무시한 일인 참회는, 죄에는 약이요, 위법의 종식이며, 눈물의 끝이고, 하느님 앞의 용기이며, 악마에 맞서는 무기요, 그 목을 베는 칼이며, 구원의 희망이고, 절망의 철폐입니다. 자유분방함은 우리로 하여금 발을 헛디뎌 떨어지게 하지만, 참회는 하늘을 열어 주고, 낙원으로 들어가게 하며, 악마를 무찌릅니다. 그래서 내가 자주 참회에 관하여 말씀드리는 것입니다. 그대는 죄인입니까? 낙담하지 마십시오. 나는 이 약을 처방하기를 절대 멈추지 않습니다. 우리에게 절망이 없는 것이 악마에게 맞서는 얼마나 중요한 무기인지 나는 아주 잘 알고 있기 때문입니다. 여러분에게 죄가 있더라도 낙담하지 마십시오. 나는 이런 말을 결코 멈추지 않습니다. 날마다 죄를 짓는다면 날마다 참회하십시오. 오래된 집이 삭았을 때 우리가 하는 일, 썩은 재료를 기초에서 떼어 버리고 새로 짓고 돌보기를 소홀히 하지 않는 그 일을 우리 자신에게도 똑같이 합시다. 오늘 죄 때문에 늙었다면, 참회로 다시 젊어지십시오.

5. 성경은 말합니다. 사람이 참회하고 구원을 받는 것이

가능한가? 분명, 틀림없이 그러합니다. 내가 평생을 죄 속에서 헛되이 보내다 참회한다면, 그래도 나는 구원받는가? 예, 그렇습니다! 이를 알 수 있는 원천은 무엇입니까? 여러분 주님의 사랑입니다. 내가 여러분의 참회에서 용기를 얻을 수 있습니까? 여러분의 참회가 수많은 악을 깨끗이 씻어 낼 힘이 있습니까? 참회가 하느님의 사랑과 한데 섞이니, 용기를 내십시오. 하느님의 사랑은 헤아릴 수 없으며 어떤 말로도 그분의 선하심을 잴 수 없기 때문입니다. 여러분의 사악함은 헤아릴 수 있지만 영약은 헤아릴 수 없습니다. 여러분의 죄악은 그것이 어떤 것이라 해도 인간의 사악함입니다. 그러나 하느님의 사랑은 형언할 수 없습니다. 용기를 내십시오. 용기는 여러분의 사악함보다 힘이 셉니다. 바다에 떨어진 불꽃 하나를 생각해 보십시오. 그 불꽃이 버틸 수 있습니까? 눈에 보입니까? 바다에 떨어진 불꽃은, 하느님 사랑 앞의 죄악과도 같습니다. 아니 그보다도 훨씬 더합니다. 바다는 광대해도 끝이 있지만, 하느님의 사랑은 가없기 때문입니다.

6. 이런 말씀을 드리는 것은 여러분을 더 게으르게 하려는 것이 아니라, 여러분을 더욱 성실하게 세우기 위해서입

니다. 여러분에게 극장에 가지 말라는 말씀을 여러 번 드렸습니다. 여러분은 듣고도 말을 듣지 않았습니다. 여러분은 극장에 가고, 내 말에 따르지 않았습니다. 그러나 다시 교회에 들어와서 경청하는 것을 부끄러워하지 마십시오. '이야기를 들었지만, 들은 것을 따르지 않았는데 어떻게 돌아갈 수 있을까?' 어쨌든 여러분은 내 말을 지키지 않은 것을 깨달았습니다. 아무도 여러분을 조사하지 않는데도, 여러분은 지금까지 부끄러워하고, 낯을 붉히며, 스스로에게 굴레를 씌웁니다. 그러는 동안 여러분은 내 말을 여러분 안에 뿌리내리게 하였습니다. 비록 눈에 보이지는 않지만 이제 내 가르침이 여러분을 깨끗하게 합니다. 여러분은 내 말을 따르지 않았다고 자책하였습니까? 여러분은 내 말을 부분적으로만 지켰습니다. 온전히 지키지는 못했다면, 한마디로 말해서 지키지 못한 것입니다. 좋은 말을 지키지 못했다고 스스로를 탓하는 사람이라면 곧 서둘러 그것을 지키기 때문입니다. 악한 짓거리를 구경했습니까? 법을 어기는 행동을 했습니까? 창녀의 포로가 되었습니까? 그런 다음 극장을 떠났습니까? 뉘우쳤습니까? 부끄러워했습니까? 그렇다면 교회로 오십시오. 미안합니까? 하느님께 비십시오. 여러분

참회에 관한 설교

은 하느님만큼 높이 들어 높여졌습니다. '나는 말을 듣고도 지키지 않았으니 불행하여라. 내가 어떻게 교회에 들어갈 수 있을까? 내가 어떻게 다시 말씀을 들을 수 있을까?' 여러분이 말을 지키지 않았더라도 들어오십시오. 다시 듣고 지킬 수 있도록 말입니다.

7. 의사가 여러분에게 약을 처방했는데 병을 없애지 못했다고 해서 다른 날 여러분에게 다시 그 약을 쓰지 않겠습니까? 어느 나무꾼이 있는데 참나무를 베고 싶어서, 도끼를 들고 나무를 팹니다. 나무꾼이 도끼로 한 번 찍었는데 나무가 쓰러지지 않았다면, 다시 나무를 내려치지 않겠습니까? 네 번, 다섯 번, 열 번이라도 찍지 않겠습니까? 여러분도 똑같이 하십시오. 창녀는 참나무, 분별없는 돼지가 먹을 도토리를 낳는 쓸모없는 나무입니다. 오랜 시간에 걸쳐, 그것은 여러분 생각 속에 뿌리를 내렸고, 자신을 덮고 있는 잎으로 여러분의 양심을 정복했습니다. 그러나 내 말은 곡괭이입니다. 여러분은 제 말을 하루 들었습니다. 그러나 여러분 안에 그렇게 오랜 세월에 걸쳐 뿌리내린 죄가 어떻게 하루에 무너질 수 있겠습니까? 여러분이 이를 두 번, 세 번, 백 번, 수만 번 들었든 그렇지 않든 그것은 중요하지 않습니다.

여러분이 강하고 강력한 것, 악한 습관을 베는 것으로 충분합니다. 유대인들은 만나를 먹었지만, 이집트에서 먹던 파를 찾았습니다. "우리가 이집트에서는 참 좋았는데!"(민수 11,18). 습관이란 그렇게 뻔뻔하고 악한 것입니다. 여러분의 변화가 열흘, 이십 일, 삼십 일 동안 간다 해도, 나는 아직 여러분을 칭찬할 수 없습니다. 아직 여러분이 어여쁘지 않습니다. 여러분을 껴안아 주지도 않을 것입니다. 무엇보다도, 지치지 마십시오. 그보다는 부끄러움을 알고 자신을 꾸짖으십시오.

제2장 죄와 참회

8. 여러분에게 또 사랑에 관해 말씀드렸군요. 여러분은 듣고, 떠나가서는 짓밟았습니까? 설교 말씀을 실천으로 드러내지 못했습니까? 교회에 다시 들어오는 것을 부끄러워하지 마십시오. 죄지을 때 부끄러워하십시오. 참회할 때는 부끄러워하지 마십시오. 악마가 그대에게 한 짓에 주목하십시오. 죄와 참회, 이 두 가지가 있습니다. 죄는 상처이고, 참회는 약입니다. 육신에 상처와 약이 있듯, 영혼에는 죄와 참회가 있습니다. 죄에는 수치가 있고 참회에는 용기가 있

습니다. 제발 내 말을 잘 들으십시오. 순서를 혼동하여 유익을 잃어버리는 일이 없도록 말입니다. 상처와 약, 죄와 참회가 있습니다. 죄는 상처이고, 참회는 약입니다. 상처는 썩고, 약은 썩은 것을 깨끗하게 합니다. 부패와 비난과 조롱은 죄가 일으키는 것입니다. 그러나 참회에는 용기와 자유와 죄씻음이 따릅니다. 눈여겨보십시오. 죄 다음에는 수치가 오고, 참회에는 용기가 뒤따릅니다. 내가 드린 말씀을 잘 들으셨습니까? 사탄은 질서를 뒤엎습니다. 사탄은 죄에 용기를 주고, 참회에 수치를 줍니다. 나는 저녁이 올 때까지, 이것을 다시 뒤집을 때까지는 물러날 수 없습니다. 나는 내 약속을 지켜야 합니다. 나는 멈출 수 없습니다. 상처와 약이 있습니다. 상처는 썩고, 약은 썩은 것을 깨끗하게 합니다. 약에서 썩은 것이 나오고, 상처에서 치유가 나올 수 있습니까? 이것에는 이 나름의 질서가, 저것에는 그 나름의 질서가 있지 않습니까? 이것이 저것으로, 저것이 이것으로 넘어갈 수 있습니까? 절대 안 됩니다!

9. 이제 영혼의 죄로 가 봅시다. 죄는 수치를 지니고, 죄는 경멸과 악명을 그 몫으로 지닙니다. 참회는 용기를 지니고, 단식을 지닙니다. 참회는 의로움을 북돋웁니다. "먼저 네 죄

를 말해 보아라, 네가 옳다는 것이 밝혀지도록"(이사 43,26). "의인은 말을 꺼낼 때는 스스로를 탓한다"(잠언 18,17 칠십인역). 죄는 죄인이 사탄을 뿌리칠 만큼 큰 수치이며, 참회는 뉘우치는 사람을 이끌어 당길 만큼 용기를 지니고 있음을 사탄은 알고 있었습니다. 사탄은 질서를 바꾸어 참회에 수치를, 죄에 용기를 부여했습니다. 이는 어떤 꼴입니까? 내가 알려 드리지요. 어떤 이는 길거리에서 몸 파는 여인을 향한 격렬한 욕정에 사로잡힙니다. 그는 노예처럼 창녀를 따릅니다. 그는 여관으로 갑니다. 부끄러운 줄도 모르고, 낯 뜨거운 줄도 모르고 창녀와 뒹굴고 죄를 짓습니다. 그는 전혀 부끄러워하지 않습니다. 전혀 얼굴을 붉히지도 않습니다. 그는 죄를 완결 지은 다음 그곳을 떠납니다. 그러고는 참회하기를 부끄러워합니다! 가엾은 사람이여, 창녀와 뒹굴 때는 부끄러워하지 않다가, 뉘우치려니 부끄럽습니까? 말해 보십시오. 부끄럽습니까? 그렇다면 매춘을 저지를 때에는 왜 부끄러워하지 않았습니까? 그런 짓을 할 때는 부끄러워하지 않다가, 자기가 한 짓을 말하려니 이제 낯이 뜨겁습니까? 악마의 사악함이 이런 것입니다. 악마는 인간이 공공연히 죄를 저지르는 동안에는 부끄러워하도록 두지 않습니다. 인

참회에 관한 설교

간이 부끄러워하면 죄를 피하리라는 것을 알기 때문입니다. 악마는 인간이 참회를 부끄러워하도록 만듭니다. 인간이 수치심 때문에 참회하지 않으리라는 것을 알기 때문입니다. 악마는 두 가지 악을 저지릅니다. 죄로 이끄는 것, 그리고 참회를 가로막는 것입니다. 왜 그대는 부끄러워합니까? 매춘을 저지를 때는 부끄러워하지 않더니, 약을 쓸 때는 부끄러워합니까? 그대는 죄에서 스스로를 건져 내면서 부끄러워합니까? 그대는 부끄러움을 오용하고 있습니다. 그대는 죄를 지을 때 수치심을 느꼈어야 마땅합니다. 그대는 죄인이 될 때는 부끄러워하지 않았으면서, 의로워질 때 부끄러워합니까?

10. "먼저 네 죄를 말해 보아라, 네가 옳다는 것이 밝혀지도록." 오, 주님의 사랑! '네가 벌을 받지 않도록'이라고 하지 않으시고, "네가 옳다는 것이 밝혀지도록"이라고 하셨습니다. 당신께서는 그를 벌하지 않으시는 것만으로도 모자라, 그를 의롭게 만들기까지 하십니까? 과연 그러합니다. 그런데 말씀을 깊이 살펴보십시오. '나는 그를 의롭게 만든다.' 그분께서 어떤 상황에서 이렇게 하셨습니까? 강도에게 그렇게 하셨습니다. 강도가 동료에게 '너는 하느님이 두렵

지도 않느냐? 우리야 당연히 우리가 저지른 짓에 합당한 벌을 받지만 말이다' 하고 말할 수 있도록 말입니다. 구원자께서 그에게 말씀하십니다. "너는 오늘 나와 함께 낙원에 있을 것이다"(루카 23,43). 그분께서는 '나는 너를 단죄와 벌에서 구하리라'라고 하지 않으시고, 그를 의인처럼 낙원으로 보내십니다. 그가 고백을 통해 의로워진 것을 보았습니까? 하느님께서는 인간을 너무나 사랑하십니다. 그분께서는 당신 종을 살리시기 위해 당신 아드님을 먹잇감으로 내어 주시기를 주저하지 않으셨습니다. 그분께서는 당신 아드님의 피를 값으로 치르셨습니다. 아, 인간을 향한 주님의 사랑! '나는 죄를 많이 지었습니다. 내가 어떻게 구원받을 수 있겠습니까?' 따위의 말은 다시는 하지 마십시오. 여러분이 여러분을 구원할 수는 없습니다. 그러나 주님께서는 하실 수 있습니다. 여러분의 죄를 깨끗이 지워 버리실 수 있습니다. 이 말씀을 주의 깊게 들으십시오. 그분께서는 죄의 흔적이 단 하나도 남아 있지 않도록 그렇게 죄를 싹 씻어 내십니다.

11. 물론 이것은 육신에 일어나는 일이 아닙니다. 그러나 의사가 정성껏 거듭 돌보고 상처에 약을 쓰면 상처는 없어집니다. 얼굴에 몇 번이나 상처를 입은 사람이 있었습니

다. 의사는 상처를 고쳤습니다. 그렇지만 그 흉터는 얼굴의 일그러짐을 드러내며 상처의 흔적으로 남았습니다. 의사는 흉터를 없애려고 필사적으로 노력하고 자신이 할 수 있는 모든 일을 합니다. 그러나 흉터는 없앨 수 없습니다. 자연의 질환과 기술의 약점과 의학의 불완전함이 의사에게 맞서기 때문입니다. 그러나 하느님께서 우리 죄를 씻으시면 아무 자국이 남지 않습니다. 그분께서는 흔적 하나도 남기지 않으십니다. 오히려 그분께서는 건강과 더불어 아름다움까지 주십니다. 단죄에서 구하시면서 의로움도 주십니다. 그분께서는 죄인이 죄짓지 않은 사람과 똑같아지게 하십니다. 그분께서는 죄를 없애시고, 죄가 존재하지 않게 하시며, 전혀 일어나지 않았던 것으로 만드시기 때문입니다. 그분께서 죄를 얼마나 완벽하게 없애시는지, 흔적 하나, 자국 하나, 증거 하나, 표시 하나도 남지 않습니다.

제3장 예언자들에 기대어

12. 이를 어디서 분명히 알 수 있습니까? 내가 말씀드리는 내용들에 관해서 증거를 내놓아야겠지요. 내 나름의 의견에 기댄 것이 아님을 보여 주고, 성경으로 입증하여 이 문

제가 확실하고 확고해지도록 말입니다. 그래서 나는 여러분에게 심각하게 상처 입은 사람들, 한 민족 전체를 — 고질적인 허물들, 송두리째 썩고 벌레들이 우글거리는 하나의 상처와 역병을 함께 겪는 민족을 — 제시하려 합니다. 그러나 그들은 아무 흉터도, 흔적도, 표시도 남기지 않고 치유될 수 있었습니다. 이 사람들은 상처 한둘, 서넛이 아니라 발끝에서 머리끝까지 하나의 상처를 갖고 있었습니다. 내가 드리는 말씀을 잘 들어 보십시오. 이 말씀은 보편적이고 구원에 도움이 되기 때문입니다. 나는 의사들보다 더 약을 잘 지을 수 있습니다. 황제들도 지을 수 없는 약입니다. 황제는 무엇을 할 수 있습니까? 황제는 감옥에서 풀어 줄 수는 있지만 지옥에서 해방시킬 수는 없습니다. 황제는 돈을 하사할 수는 있지만 영혼을 구원할 수는 없습니다. 그러나 나는 여러분을 참회의 손에 맡겨 여러분이 그 권능과 힘을 알게 되고, 죄가 참회를 이길 수 없음을, 참회의 힘을 능가하는 죄악은 없음을 알게 되기를 바랍니다. 상처투성이에 정신적 외상을 입고 수많은 죄로 가득한 이들, 그러나 참회로 구원되어 이전의 상처 자국이나 흉터가 하나도 남지 않은 이들을 한두 명이 아니라 수천 명 소개하겠습니다.

참회에 관한 설교

13. 내 말씀을 잘 들어 보십시오. 그냥 주의를 기울이는 것이 아니라 들은 모든 것을 기억하려고 노력하며, 떠나간 이들과도 화해하십시오. 이렇게 함으로써, 우리가 말한 모든 것의 유익을 잃어버리고 온통 상처투성이인 이들도 더욱 열심해질 수 있도록 도우십시오. 이사야를 부릅시다. 사랍을 보았고 신비로운 노랫소리를 들었으며 그리스도에 관한 수많은 것들을 예언한 그를 부릅시다. 그가 무슨 말을 하는지 물어봅시다. "이사야가 유다와 예루살렘에 관하여 본 환시"(이사 1,1). 당신이 본 환시를 묘사해 주십시오. "하늘아, 들어라! 땅아, 귀를 기울여라! 주님께서 말씀하신다"(이사 1,2). 당신은 어떤 것을 선포하고는, 또 완전히 다른 이야기를 하는군요. 시작할 때는 "유다와 예루살렘에 관하여 본 환시"라고 하고서는, 뒤에서는 유다와 예루살렘을 버리고 하늘과 대화를 나눕니다. 그러고는 대화를 땅 쪽으로 돌리고, 이성적인 사람들은 치우고 비이성적인 요소들과 대화합니다. 이성적 존재들이 짐승보다도 더 비이성적이게 되었기 때문입니다. 이뿐만 아니라, 그들을 약속된 땅으로 데리고 갈 때에도 모세는 그들이 어떻게 할지, 곧 그들이 모세가 전한 모든 것을 무시하리라는 사실을 모두 내다보고 있었습

니다. "하늘아, 귀를 기울여라. 내가 말하리라. 땅아, 내 입에서 나오는 말을 들어라"(신명 32,1). 모세는 말합니다. '나는 하늘과 땅을 증인으로 너희 앞에 내세우니, 너희가 약속된 땅에 들어가 주 하느님을 저버릴 때 너희는 만방으로 뿔뿔이 흩어질 것이다'라고 말입니다. 이사야가 왔고, 이 위협이 실현되고 있었습니다. 세상을 떠난 모세나, 옛날에 듣고 세상을 떠난 이들을 불러올 수는 없었습니다. 그래서 이사야는 모세가 증인으로 내세웠던 요소들을 불러냅니다. '유대인들아, 보아라, 거기서 너희는 약속을 상실했다. 보아라, 너희가 하느님을 저버렸다. 모세여, 내가 어떻게 당신을 증인으로 부를 수 있겠습니까? 당신은 죽고 당신은 완전해졌습니다. 내가 어떻게 아론을 부를 수 있겠습니까? 그도 죽고 말았습니다. 이러니 나는 살아 있어도 아론이나 이 사람 저 사람을 증인으로 내세우지 않습니다.' 그들은 죽을 것이기 때문입니다. 대신 죽지 않는 요소들, 하늘과 땅을 증인으로 내세웁니다. 이사야는 말합니다. "하늘아, 들어라! 땅아, 귀를 기울여라!" '오늘 모세가 나에게 너희를 증인으로 부르도록 명령했기 때문이다.' 이사야가 이 요소들을 부른 것은 이런 이유만이 아니라, 유대인들에게 이야기하기 위해서이기도

합니다. '하늘아, 들어라!' 너는 만나를 내려 주었으니. '땅아, 귀를 기울여라!' 너는 메추라기 떼를 주었으니. '들어라, 하늘아, 들어라!' 너는 만나를 내려 주었고, 너의 본성보다 더욱 고귀하게 행동하며, 저 높이 있으면서 타작마당을 흉내 냈으니. "땅아, 귀를 기울여라!" 너는 낮게 있으면서 식탁을 마련했으니. 자연은 이렇게 할 수 없었으나 은총이 가능케 했습니다. 소가 일하지 않았는데 곡식 이삭이 자랐습니다. 요리사가 수고하지 않았고 아무도 명령하지 않았습니다. 그러나 거룩한 원천인 만나는 계속 생겼고, 자연은 자신의 약함을 잊었습니다. 어떻게 그들의 옷은 멀쩡했습니까? 어떻게 그들의 신발은 낡지 않았습니까? 모든 일이 그들에게 봉사하기 위해 벌어졌습니다. "하늘아, 들어라! 땅아, 귀를 기울여라!" 그들은 그렇게 요소들을 불러내고 은혜를 입고는, 주님을 모욕하였습니다. 내가 너희 말고 누구에게 간청하리? '아무도 내 말에 귀 기울이지 않는구나. 보아라, 내가 왔으나 아무도 보이지 않는다. 내가 말했으나 아무도 내 말에 귀 기울이지 않는다.' 나는 비이성적인 것들과 대화를 나눕니다. 이성적 존재들이 추락하여 비이성적인 것들만큼 무익해졌기 때문입니다.

14. 이런 까닭에, 다른 예언자는 임금이 격노하고 우상이 공경받으며 하느님이 모욕받으시고 나머지 사람들은 모두 두려움으로 움츠리고 있는 것을 보고는 말합니다. "제단아, 제단아, 들어라." 바위에 대고 말을 하는 겁니까? 그렇습니다. 바위가 임금보다 더 지각 있기 때문입니다. "제단아, 들어라. 제단아, 주님께서 이렇게 말씀하신다"(1열왕 13,2). 그러자 곧 제단이 반으로 쪼개졌습니다. 바위가 듣고, 바위가 쪼개지고, 제물이 쏟아집니다. 인간은 어떻게 말을 듣지 않았습니까? 그는 예언자를 잡으려고 손을 뻗었습니다. 그러자 하느님께서 어떻게 하십니까? 그의 손이 말라비틀어지게 하셨습니다. 그분께서 하신 일을 보십시오. 주님 사랑의 크기와 종이 지은 죄의 크기를 보십시오. 왜 그분께서는 처음부터 그의 손이 굳게 하지 않으셨습니까? 바위가 어떻게 되는지 보고 그의 분별력이 나아지도록 그렇게 하신 것입니다. '바위가 쪼개지는 일이 없었더라면 나는 너를 가만히 두었을 것이다. 그러나 바위가 쪼개졌는데도 너는 마음을 바로잡지 않았고, 그래서 나는 너에게 진노하였다.' 임금이 예언자를 잡으려고 손을 뻗자 손이 굳었습니다. 승전비가 세워져 있었고, 수많은 경비병들과 군사들이 있었고 도우려

고 애를 썼지만 그는 손을 오므릴 수 없었습니다. 손은 목소리를 내며, 불경의 패배와 그 기념비인 하느님의 인간애와 임금의 광기를 선포했습니다. 그리고 사람들은 그 손을 오므릴 수 없었습니다.

제4장 사랑으로 우리 죄를 씻어 주시니

15. 그러나 이 이야기 저 이야기 섞느라 논조를 잊지 않도록, 우리가 약속한 것들을 끄집어내어 설명합시다. 우리가 약속한 것은 무엇입니까? 수많은 상처를 갖고 있는 사람이라도 참회하고 유익한 일을 한다면 하느님께서는 이전에 지은 죄를 아무런 흉터나 흔적이나 자국이 드러나지 않도록 잘 씻어 내신다는 것입니다. 나는 여러분에게 이런 약속을 했습니다. 이제 그것을 증명해 보일 것입니다. "하늘아, 들어라! 땅아, 귀를 기울여라! 주님께서 말씀하신다." 자, 그분께서 뭐라고 말씀하셨습니까? '내가 아들들을 기르고 키웠더니 그들은 도리어 나를 거역하였다. 소도 제 임자를 알아보는 법이다.' 그들은 비이성적인 짐승보다도 더 비이성적입니다. '나귀도 제 주인이 놓아 준 구유를 안다.' 그들은 당나귀만도 못합니다. '그러나 이스라엘은 알지 못하고

나의 백성은 깨닫지 못한다. 아아, 불행하여라, 이 죄로 가득 찬 백성.' 왜 그분께서는 구원의 희망이 없다고 말씀하십니까? 왜 '불행'이라고 말씀하십니까? 말해 보십시오. '아무 치료법을 찾지 못하기 때문이다.' 왜 '불행'이라고 말씀하십니까? '약을 써도 곪아 터진 상처가 치유되지 않기 때문이다. 이런 까닭에 나는 그들을 싫어한다. 내가 달리 어찌해야 하겠느냐? 나는 수고하나 치유하지 못한다. 불행하여라!' 그분께서는 울부짖는 여인처럼 행동하십니다. 그것도 썩 잘하십니다. 제발, 내 말에 집중 또 집중해 주십시오. '불행하여라!' 왜? 육신에 일어나는 일이라 그렇습니다. 다시 말해, 의사는 소생 가능성이 없는 병자를 보면 눈물을 흘립니다. 가족들과 친구들은 슬퍼하고 한숨짓지만, 무익하고 소용없습니다. 죽을병에 걸린 사람이 죽음을 앞두고 있을 때에는 온 세상이 슬피 울어도 그를 다시 건강하게 일으켜 세우지는 못합니다. 그 울음은 건강의 회복이 아니라 슬픔을 위한 것입니다.

16. 그러나 영혼의 경우는 다릅니다. 여러분이 슬퍼하면, 영으로 죽은 이를 몇 번이고 일으켜 세울 수 있습니다. 왜 그렇습니까? 죽은 육신은 인간의 힘으로 되살아나지 않지

만, 영혼은 죽었다가 참회로 다시 고쳐지면 죽은 이들 가운데에서 살아납니다. 남창을 보면 그를 위해 울어 주십시오. 그러면 그를 여러 번 살릴 것입니다. 이런 까닭에 바오로는 단순히 편지를 쓰거나 조언만 한 것이 아니라, 누군가에게 충고할 때면 언제나 눈물로 한탄했습니다. 바오로, 그대는 왜 충고하면서 울기까지 합니까? 충고가 힘을 쓰지 못하면 눈물이 도움이 될 터이기 때문입니다.

17. 이와 똑같이 예언자도 웁니다. 예루살렘이 황폐해진 것을 보시고 주님께서 말씀하십니다. "예루살렘아, 예루살렘아! 예언자들을 죽이고 자기에게 파견된 이들에게 돌을 던져 죽이기까지 하는 너!"(마태 23,37). 그분께서는 황폐한 도성을 불러내시며 우는 사람처럼 행동하십니다. 예언자는 말합니다. "아아, 불행하여라, 탈선한 민족, 죄로 가득 찬 백성"(이사 1,4). 혹시 육신이 건강합니까? 곪아 터진 상처투성이였습니까? "사악한 종자, 타락한 자식들"(이사 1,4). 말해 보십시오. 그대는 왜 웁니까? "그들은 주님을 버리고 이스라엘의 거룩하신 분을 업신여겨 등을 돌리고 말았다. 너희는 얼마나 더 맞으려고 하느냐?"(이사 1,4.5). '내가 다른 무엇으로 너를 때려야 하겠느냐? 기근으로? 아니면 역병으로? 너

희와 너희의 사악함에 닥친 모든 벌은 아무 소용이 없었다.'
"자꾸만 반항하느냐? 머리는 온통 상처투성이고 마음은 온
통 골병들었는데, 상처도 흉터도 없구나"(이사 1,5.6 참조). 이렇
게 새로울 수가! 조금 전에는 "사악한 종자, 타락한 자식들!
너희는 주님을 버리고 이스라엘의 거룩하신 분을 업신여겼
다", "아아, 불행하여라, 죄로 가득 찬 백성"이라고 했습니
다. 당신은 울고, 가슴을 치고, 한탄하며, 상처를 세고, 그러
고는 일어나 "상처도 흉터도 없다"고 말합니까? 잘 들으십
시오. 상처는 몸의 한 부분이 무감각해지고 나머지는 건강
할 때 생깁니다. 그러나 여기서 그는 몸 전체가 하나의 상처
라고 말합니다. "상처도 흉터도 헐어진 자국도 없구나"(이사
1,6). 그러나 발바닥에서 머리까지 바를 물약도, 기름도, 붕
대도 없습니다. "너희의 땅은 황폐하고 너희의 성읍들은 불
에 탔으며 너희의 밭은 너희 앞에서 이방인들이 먹어 치우
는구나"(이사 1,7). '나는 이 모든 일을 했으나 너희는 고쳐지
지 않았다. 나는 모든 수를 다 썼으나 병에 걸린 인간은 주
검으로 남아 있다.' "소돔과 고모라의 지도자들아, 와서 주
님의 말씀을 들어라. 무엇하러 나에게 이 많은 제물을 바치
느냐?"(이사 1,10.11). 무슨 말입니까? 하느님께서 소돔 사람들

에게 말씀하고 계십니까? 아닙니다. 그런 것이 아니라, 주님께서는 유대인들을 소돔 사람들이라 부르십니다. 유대인들이 소돔 사람들의 삶의 방식을 따르고 있었기에 그렇게 부르신 것입니다. "소돔과 고모라의 지도자들아, 와서 주님의 말씀을 들어라. 무엇하러 나에게 이 많은 제물을 바치느냐? 주님께서 말씀하신다. 나는 이제 숫양의 번제물에 물렸고 어린양의 굳기름도 싫다. 더 이상 나에게 고운 밀가루를 헛된 제물로 가져오지 마라. 분향 연기도 나에게는 역겹다. 나의 영은 너희의 초하룻날 행사들과 안식일을 싫어한다. 단식과 대축일을 나는 견딜 수가 없다. 너희가 팔을 벌려 기도할지라도 나는 너희 앞에서 내 눈을 가려 버리리라"(이사 1,13-15 참조). 이 진노를 무엇에 비기겠습니까? 예언자는 하늘을 부르고, 흐느끼고, 신음하고, 슬피 울며 말합니다. "상처도 흉터도 없구나." 하느님께서 격노하십니다. 그분께서는 번제물도, 초하룻날도, 안식일도, 곱게 빻은 밀가루도, 기도도, 우리의 펼친 팔도 받아들이지 않으십니다. 상처를 본적이 있습니까? 한두 명, 열 명도 아니고 수천 명에게 생긴 불치병을 본 적이 있습니까? 그런 다음에는 뭐라고 말씀하십니까? "너희 자신을 씻어 깨끗이 하여라"(이사 1,16). 용서받을 수 없는 죄가 있습니까? 바로 이 하느님께서 '나는 너희 말을 듣지 않는다'고 말씀하십니다. 그런데 당신께서는 또 '너희 자신을 씻어라'라고도 말씀하십니다. 왜 그렇게 말씀하십니까? '왜냐고 물었느냐? 두 가지가 다 유익하다. 앞의 말은 그들에게 겁을 주기 위해서이고, 뒤의 말은 그들을 나에게로 끌어오기 위해서이다.' 당신께서 그들 말을 듣지 않으시면, 그들에겐 구원의 희망이 없습니다. 그들에게 구원의 희망이 없는데, 어째서 당신은 '너희 자신을 씻어라'라고 말씀하십니까? 누가 뭐래도 그분은 다정한 아버지이시고, 홀로 선하시며, 여느 아버지보다 더욱 연민 가득하십니다.

18. 하느님께서 아버지이심을 여러분이 알 수 있도록 그분께서는 이렇게 말씀하십니다. '유다야, 내가 어찌하랴? 너는 네가 무슨 짓을 하려 하는지 모르는구나. 나는 알지만, 벌주고 싶지 않다.' 죄의 본성은 벌을 요구하지만, 하느님의 넓디넓은 사랑이 죄인에게 벌주는 것을 막습니다. '너를 위해서, 너를 살려 두기 위해서 내가 무엇을 할 수 있겠느냐?' 그러나 여러분은 더욱 게을러질 것입니다. '내가 너를 쳐야겠느냐?' 그러나 인간에 대한 하느님의 사랑이 그것을 견디지 못합니다. '내가 너를 위해 무엇을 할 수 있겠느

냐? 내가 소돔을 보았듯 너를 보고 고모라처럼 너를 멸망시
켜야 하겠느냐? 내 마음이 상한다.' 걱정이 없으신 하느님
께서 걱정 많은 인간처럼 행동하십니다. 아니, 사랑 많은 어
머니처럼 구십니다. '내 마음이 상한다. 여인이 자식에 관
해 말하는 것처럼 나는 속이 상한다. 어미처럼 나는 속상해
한다. 아까 한 말로도 충분치 않았다.' "내 마음이 미어진다"
(호세 11,8). 하느님께서 괴로워하시다니요! 아무도 그런 생각
조차 못하게 하십시오! 절대 안 됩니다! 하느님께서는 당혹
스러워하지 않으십니다. 아니, 앞에서 말했던 대로 그분께
서는 인간의 화법을 흉내 내시는 것입니다. '내 마음이 상한
다.' "너희 자신을 씻어 깨끗이 하여라." '내가 너에게 무엇
을 약속했느냐?' 하느님께서는 참회하는 죄인들과 무수한
죄와 상처로 가득하나 참회한 이들을 받아들이시고, 그들
안에 죄의 흔적 하나, 흉터 하나, 기억 한 조각도 허용하지
않으실 만큼 그들을 치유하십니다. "너희 자신을 씻어 깨끗
이 하여라. 내 눈앞에서 너희의 악한 행실들을 치워 버려라.
악행을 멈추고 선행을 배워라"(이사 1,16.17). 당신께서는 어떤
선행을 명령하십니까? "고아의 권리를 되찾아 주고 과부를
두둔해 주어라"(이사 1,17). 이 계명들은 부담스럽지 않은 것

들이고, 자연의 법이기도 합니다. 과부는 자비를 입을 자격이 있음을 자연은 알기 때문입니다. "주님께서 말씀하신다. 오너라, 우리 시비를 가려 보자"(이사 1,18). '아주 조금만 하면 나머지는 내가 다 채울 것이다. 나에게 조금만 다오. 그러면 내가 전부 다 주겠다. 오너라.' 우리는 어디로 가야 합니까? '네가 분노를 자극했고, 극도로 화나게 했던 나에게로. 너희가 내 협박을 두려워하여 내 분노를 흩어 버릴 수 있게 하려고 ′나는 너희 말을 듣지 않는다′ 하고 말했던 나에게로. 너희 말을 듣지 않았던 나에게 오너라. 내가 들을 수 있도록.' 그러면 하느님, 당신은 무엇을 하십니까? '나는 흔적을 허락지 않는다. 나는 자국도 허락지 않는다. 나는 흉터도 허락지 않는다.' "주님께서 말씀하신다. 오너라, 우리 시비를 가려 보자." "너희의 죄가 진홍빛 같아도 눈같이 희어질 것이다"(이사 1,18). 혹시 흉터가 있습니까? 혹시 선명한 주름이 있습니까? "너희의 죄가 다홍같이 붉어도 양털같이 하얘지리라"(이사 1,18). 혹시 어디에 검댕이 있습니까? 혹시 티가 있습니까? 이런 일은 어떻게 생깁니까? 혹 하느님의 약속은 어떤 다른 것입니까? 주님의 입이 이런 것들을 말씀하셨습니다. 여러분은 약속의 크기만 아는 것이 아니라, 이런 선물을 주시는 분의 높은 위계도 알고 있습니다. 죄의 더러움을 씻으실 힘이 있으신 하느님께는 모든 것이 가능하기 때문입니다. 이처럼 우리는 하느님께서 하시는 말씀을 들었으니, 또 참회라는 약을 알고 있으니, 그분께 영광을 바칩시다. 하느님께 영광과 권능이 영원히 있나이다. 아멘.

1. 씨 뿌리는 사람이 길가에 씨를 뿌리면 얻을 것이 없듯이, 우리도 이름에 걸맞은 활동을 하지 않는다면 그리스도인으로 불린다 해도 아무 소용이 없습니다. 여러분이 원한다면 주님의 형제인 야고보를 믿을 만한 증인으로 내세우겠습니다. 그는 이렇게 단언했습니다. "믿음에 실천이 없으면 그러한 믿음은 죽은 것입니다"(야고 2,17). 그러니 선행은 우리에게 내려진 명령입니다. 선행이 없다면 그리스도인이라는 이름은 우리에게 이롭지 않습니다. 놀라지 마십시오. 군대에서 복무하는 군인이 전투에 부적격하고, 자신을 먹여 살리는 황제를 위해 싸우지 않는다면 무엇을 얻겠습니까? 군에 복무하면서 황제의 영광에는 무관심하느니 차라리 군에 복무하지 않는 편이 낫습니다. 황제가 먹여 살리는 사람이 황제를 위해 승리하려 애쓰지 않는다면 어찌 벌 받지 않겠습

니까? 내가 지금 황제를 위해,라고 말하고 있습니까? 하느님께서는 우리가 어쨌든 우리 영혼이라도 돌보게 하십니다.

2. 우리는 어떻게 세상 속에, 온갖 번뇌 가운데 있으면서 구원받을 수 있냐고 성경은 말합니다. 그게 무슨 소리입니까? 구원을 허락하는 것은 장소가 아니라 삶의 방식과 신중한 선택이라는 사실을 짧게 보여 드릴까요? 아담은 마치 항구에 있는 것처럼 낙원에 있다가 난파되었습니다(창세 3장 참조). 마치 바다에 있는 것 같던 소돔의 롯은 구원받았습니다(창세 19장 참조). 욥은 잿더미 위에서 의롭게 되었습니다(욥 2장 참조). 보물들에 둘러싸여 지내던 사울은 지상과 천상 왕국 밖으로 떨어졌습니다(1사무 18장 참조). 이러니 세상 속에, 온갖 근심 속에 살면서 구원받을 수는 없다는 말은 변명이 못 됩니다. 그렇다면 진짜 이유는 무엇입니까? 여러분이 꾸준히 기도와 거룩한 모임에 참석하지 않기 때문입니다. 지상 황제에게 작위를 받거나 늘 황제 가까이 있고자 하는 사람은, 그들이 청하는 것을 잃지 않으려고 다른 이들을 시켜 간청하게 하는 것을 보지 못했습니까? 거룩한 모임을 그만두는 이들, 두렵고 신비로운 식탁의 때에 세상일과 쓸데없는 잡담에 빠져 있는 이들을 두고 이런 말씀을 드리는 것입니다.

3. 도대체 그대는 무엇을 하고 있습니까? 사제가 '마음을 드높이'라고 말할 때, 왜 그대는 '주님께 올립니다'라고 화답하지 않습니까? 두렵지 않습니까? 이 두려운 순간에 거짓말쟁이가 되는 것이 부끄럽지 않습니까? 깜짝 놀랄 일입니다! 신비의 식탁이 마련되어 있고, 하느님의 어린양이 여러분을 위해 당신을 희생하고 계시며, 사제가 여러분을 대신하여 애쓰고 있고, 영적 불이 흠 없는 식탁에서 피어오르며, 커룹들이 곁에 서 있고 사람들이 날고 있으며, 날개가 여섯인 피조물들이 얼굴을 가리고, 모든 무형의 힘들이 사제와 함께 여러분을 위해 전구하고 있으며, 영적 불이 내려오고, 티 없는 옆구리에서 나온 피가 여러분의 정화를 위해 그릇으로 흘러 들어가고 있습니다. 그런데 여러분은 두려워하지도, 낯 붉히지도 않고, 그 엄청난 순간에 거짓말쟁이가 되려 합니까? 일주일은 백예순여덟 시간입니다. 하느님께서는 당신을 위한 시간을 딱 한 시간 떼어 마련해 놓으셨는데, 여러분은 터무니없는 세상일과 어울려 다니는 데 그 시간을 쓰려 합니까? 나중에 어찌 감히 신비에 다가가겠습니까? 신비를 더럽혀 놓고는 무슨 양심으로 다가가겠습니까? 여러분이 감히 손에 똥을 들고 지상 황제의 옷자락에 손을 댈

수 있을까요? 절대 못하지요! 그것을 빵이라 여기지 마십시오. 절대 포도주라고도 여기지 마십시오. 우리 몸은 그것을 다른 음식처럼 화장실에서 없애 버리지 못하기 때문입니다. 이런 말도, 생각도 하지 마십시오! 타고 있는 촛불이 흔적도 남기지 않고 타 없어지듯이, 이 경우에는 신비가 육신 안에서 그 본질까지 소모된다고 믿으십시오. 그러니 식탁에 나아갈 때 여러분은 인간에게서 하느님의 몸을 받아 모신다고 생각하지 마십시오. 그보다는 사람에게서, 이사야가 보았던 그 부집게로 하느님의 몸을 받아 모신다고 믿으십시오. 우리가 구원의 피를 받아 모실 때, 우리 입술이 그 거룩하고 티 없는 옆구리에 닿는다고 믿읍시다. 형제 여러분, 그러니 교회에 빠지지 않도록 합시다. 그리고 교회 안에서는 더 이상 잡담이 우리 시간을 잡아먹지 않도록 합시다. 우리는 두려움과 떨림으로, 눈길을 내리고 영혼은 드높으며, 고요한 한숨과 마음의 큰 외침으로 서 있읍시다.

4. 눈에 보이고, 썩어 없어지며, 한시적으로 지상을 다스리는 황제 앞에 나아가는 이들이 얼마나 꼼짝도 안 하고 조용하고 흔들림 없는지 보지 못했습니까? 그들은 눈길을 여기저기 돌리지 않고 입을 꾹 닫은 채 주눅 들어 겁먹은 모

습으로 서 있습니다. 그대여, 그들을 본받으십시오. 그리고
간청하건대, 지상 황제 앞에 나아가 서 있듯이 이런 모습으
로 하느님 앞에 서십시오. 천상 황제 앞에서는 훨씬 더 두려
워하며 서 있어야 합니다. 여러분이 다시 올곧게 된 것을 볼
때까지 나는 이런 말을 그치지 않을 것입니다.

5. 교회에 올 때, 우리는 하느님의 마음에 들도록, 영혼에
악의가 없이, "저희에게 잘못한 이를 저희도 용서하였듯이
저희 잘못을 용서하시고"(마태 6,12) 하고 말할 때 우리에게
해가 가도록 기도하지 않으면서 들어서야 합니다. 이 말은
무시무시한 것입니다. 이런 말을 하는 사람은 하느님께 이
렇게 외치는 셈입니다. '제가 살려 주었으니, 스승님, 당신도
살려 주십시오. 제가 풀어 주었으니, 당신도 풀어 주십시오.
제가 용서했으니, 당신도 용서해 주십시오. 제가 마음에 품
고 있으면, 당신도 품고 계십시오. 제가 이웃을 용서하지 않
으면, 당신도 제 죄를 없애 주시지 마십시오. 제가 재는 잣
대로 저도 재어 주십시오.' 이를 잘 알고, 그 무시무시한 날
과 그 불을 기억합시다. 그 끔찍한 벌을 유념하고 우리의 벗
어난 길에서 단번에 영원히 돌아옵시다. 이 세상이라는 무
대가 사라지고 더 이상 아무도 달음질할 수 없을 때가 올 것

이기 때문입니다. 이 삶이 지나고 나면 아무것도 할 수 없습니다. 무대가 사라지고 나면 아무도 화관을 쓸 수 없습니다. 지금은 참회의 때이고 그때는 심판의 때입니다. 지금은 달음질의 때이고 그때는 화관의 때입니다. 지금은 수고의 때이고 그때는 휴식의 때입니다. 지금은 노고의 때이고 그때는 보상의 때입니다. 그러니 일어나십시오. 일어나 이 말들을 기꺼이 듣기를 당부합니다.

6. 지금까지 우리는 육신을 위해 살아왔습니다. 이제부터는 영을 위해 살아갑시다. 지금까지 쾌락을 위해 살아왔으니 이제는 덕을 위해 살아갑시다. 지금까지는 무관심하게 살아왔으니 이제 참회하며 살아갑시다. 흙과 재가 왜 으스댑니까? 그대여, 왜 우쭐댑니까? 왜 뽐냅니까? 세상의 영광과 부에서 무엇을 희망합니까? 부디 무덤에 가서 거기서 일어나는 신비를 보십시오. 완전히 흩뿌려진 인간 본성과 삭아 내린 뼈들과 썩은 살들을 봅시다. 그대가 지혜롭다면 앉아서 생각해 봅시다. 여러분이 분별력이 있다면, 거기서 누가 황제이고 누가 평민인지 말해 보십시오. 누가 귀족이고 누가 종입니까? 누가 현자이고 누가 어리석은 이입니까? 젊음의 아름다움은 어디 있습니까? 행복한 얼굴은 어디 있습

니까? 잘생긴 눈은 어디 있습니까? 오뚝한 코는 어디 있습니까? 붉은 입술은 어디 있습니까? 턱의 아름다움은 어디 있습니까? 반짝이는 이마는 어디 있습니까? 모두 먼지가 아닙니까? 모두 재가 아닙니까? 모두 티끌이 아닙니까? 모두 벌레고 악취가 아닙니까? 온통 냄새를 풍기지 않습니까?

7. 형제 여러분, 이를 생각하며 우리의 마지막 날을 마음에 새깁시다. 우리가 가진 시간만큼 거짓의 길에서 돌아섭시다. 고귀한 피가 우리를 속량했습니다(1베드 1장 참조). 이렇게 하시려고 하느님께서 그대를 위해 지상에 나타나셨던 것입니다! 하느님께서 지상에 나타나셨는데 머리 기대실 곳조차 없었습니다(루카 9,58 참조). 오, 얼마나 놀라운 기적입니까! 재판관께서 피고들을 위해 법정에 서십니다. 생명께서 죽음을 맛보십니다. 창조주께서 당신 피조물들에게 공격받으십니다. 사람들도 뵐 수 없는 분께서 종이 뱉은 침을 맞으십니다. 신 포도주와 쓸개즙을 맛보십니다. 그분께서 창에 찔리십니다. 그분께서 무덤에 뉘어지십니다. 그대는 게으릅니까? 그대여, 그대는 잠들어서 모른 척합니까? 그대가 그분을 위해 피를 흘려도 여전히 빚을 갚을 수 없다는 사실을 모릅니까? 주님의 피와 종의 피는 다릅니다. 참회하고

회개하면서 영혼이 떠나갈 때를 기다리십시오. 죽음이 갑자기 닥치면 참회라는 치료법은 아무런 효과를 얻을 수 없기 때문입니다. 참회는 지상에서만 힘을 지닙니다. 저승에서는 힘이 없습니다. 우리에게 아직 시간이 있을 때 주님을 찾읍시다. 훗날 지옥의 끝없는 벌에서 구원받고, 우리 주 예수 그리스도의 은총과 인간에 대한 사랑으로 하늘나라에 합당할 수 있도록 선한 일을 합시다. 우리 주 예수 그리스도께 영광과 권능이 세세대대로 있나이다. 아멘.

Ioannes Chrysostomus

De eleemosyna

요한 크리소스토무스

자선

제1장 자선의 요구

1. 오늘 나는 정당하고 유용하며 적절한 간구를 하고자 여러분 앞에 섰습니다. 나는 누가 보내서 온 것이 아닙니다. 이 일을 위해 나를 뽑은 이들이 있다면 오직 우리 도시에 사는 거지들입니다. 말이나 투표나 시의회의 결정이 아니라 그들의 가엾고 더없이 비참한 광경이 나를 여기로 이끌었습니다. 다시 말씀드리자면, 시장과 좁은 골목길들을 지나 여러분의 모임에 급히 서둘러 오다가 나는 길 한복판에서 많은 버려진 이들을 보았습니다. 더러는 손이 없었고, 더러는 눈이 없었으며, 또 더러는 곪아 터진 상처와 고칠 수 없는 상처투성이였고, 특히 그들이 감추고 있어야 하는 그런 신체 부위들도 썩고 또 썩은 탓에 다 드러내 놓고 있었습니다. 그들을 대신하여 여러분의 사랑에 호소하지 않는다면 그것은 더없이 몰인정한 짓이라고 나는 생각하였습니다. 특히나 지금 계절도 우리에게 이 주제로 돌아가도록 요구하고 있습니다.

2. 우리는 언제나 자선에 관해 설교해야 합니다. 우리도 창조주 주님께서 주시는 이러한 자비를 몹시 필요로 하며, 특히 지금과 같은 엄동설한에는 더욱 그러합니다. 여름에

는 가난한 이들도 큰 위로를 찾을 수 있습니다. 벌거벗고 다녀도 위험하지 않고, 옷가지가 없어도 햇빛으로 충분합니다. 바닥에 누워 자고, 한데서 밤을 보내도 안전합니다. 신발도, 마실 포도주도, 풍성한 먹거리도 필요치 않습니다. 어떤 이들은 물줄기로, 어떤 이들은 푸성귀들로, 또 어떤 이들은 말린 씨앗으로 충분합니다. 여름은 그럭저럭 밥상을 마련해 주기 때문입니다. 더 큰 위안도 있는데, 일할 곳이 있다는 것입니다. 여름에는 집 짓는 이들, 땅을 가는 이들, 바다로 나가는 이들이 그들의 일손을 가장 필요로 할 때입니다. 부자들에게 밭과 집과 다른 수입원들이 있다면, 가난한 이들에게는 이 몸뚱이가 있습니다. 그들의 수입원은 오로지 손뿐입니다. 이런 까닭에 그들은 여름이면 약간의 위로를 누립니다. 그러나 겨울이면 사방에서 그들을 향해 드세게 공격해 오고, 포위 공격은 두 배로 치밀해지며, 안에는 내장을 집어삼키는 기근이, 밖에는 육신을 얼어 죽게 하는 서리가 있습니다. 그래서 그들은 더 많은 영양분과 더 두꺼운 옷과 쉴 곳과 잠자리와 신발과 다른 많은 것이 필요합니다. 참으로 통탄스러운 것은, 계절이 허락지 않아 일을 찾기 쉽지 않다는 점입니다. 생필품들에 대한 필요는 더욱 커지는데, 아무도 이 가엾은 이들을 고용하지 않고 일하라고 불러 주지도 않으니 일자리는 그들을 비껴갑니다.

3. 계속해 볼까요. 고용인들의 손길을 자선가의 손길로 바꾸어 봅시다. 이 간청에서 바오로를 동지로 삼아 보겠습니다. 바오로는 참으로 가난하게 살아가는 이들의 옹호자이며 보호자이기 때문입니다. 그는 누구보다도 더 큰 통찰력으로 이 문제를 다룹니다. 이런 까닭에, 그가 제자들과 함께 베드로에게 갔을 때, 그는 가난한 이들에 대한 보호를 논하지 않고 이렇게 말했습니다. "그들은 친교의 표시로 나와 바르나바에게 오른손을 내밀어 악수하였습니다. 그리하여 우리는 다른 민족들에게 가고 그들은 할례 받은 이들에게 가기로 하였습니다." 그런 다음 이렇게 덧붙였습니다. "다만 우리는 가난한 이들을 기억하기로 하였고, 나는 바로 그 일을 열심히 해 왔습니다"(갈라 2,9-10). 사실, 그는 모든 서간에서 이 문제에 관해 똑같은 표현을 쓰고 있습니다. 이러한 권고를 담지 않은 서간은 하나도 찾아볼 수 없습니다. 그는 이 문제의 중요성을 잘 알고 있었고, 이런 까닭에 이 문제에 관해 권고와 조언으로 가르침을 설파하며 이를 마치 건물 위의 훌륭한 지붕처럼 올려놓습니다. 그는 여기서도 그렇

자선

게 하는데, 부활에 관해 이야기하고 다른 모든 문제를 정리할 때에도 자선에 관한 말로 연설을 마무리합니다. "성도들을 위한 모금에 관해서는, 내가 갈라티아의 여러 교회에 지시한 것과 같이 여러분도 그렇게 하십시오. 매주 첫날에 저마다 …"(1코린 16,1-2). 사도의 현명함을 보고, 그의 권고가 얼마나 적절한지를 보십시오. 그는 미래의 그 두려운 법정과 의인들이 입을 영광과 불멸의 삶을 상기시키며 이 가난한 이들에 관한 연설을 끼워 넣습니다. 듣는 이가 유순해져서 사도의 말을 더욱 열렬히 긍정적으로 받아들여, 내면에는 심판에 대한 두려움을 가득 지닌 채 영혼은 자신을 위해 마련된 복에 대한 기대로 기뻐하게 하려는 것입니다. 부활에 관하여 성찰할 수 있는 사람, 자신을 미래 삶으로 온전히 옮길 수 있는 사람은 현재의 처지를 아무것도 아니라 여길 것입니다. 부도 풍요도, 금도 은도, 옷가지도 사치스러움도, 호화로운 식탁도 그 어떤 것도 아무것도 아니라고 여길 것입니다. 이런 것들을 아무것도 아닌 것으로 여기는 사람은 가난한 이들을 돕는 데 더욱 기꺼이 열성을 보일 것입니다.

4. 이런 까닭에 바오로는 그들의 생각을 부활에 대한 성찰로 잘 준비시켜 놓은 다음, 권고를 시작했습니다. 그는

'거지들을 위한' 또는 '가난한 이들을 위한 모금'이라고 하지 않고 "성도들을 위한 모금"이라고 말했습니다. 듣는 이들로 하여금 가난한 이들이라도 신실하면 감탄하고, 부자들이라도 덕을 소홀히 하면 혐오하도록 가르치는 것입니다. 그러므로 그는 임금이라 해도 하느님께 원수라면 불경한 무법자라고 부르며, 가난한 이들이라도 사리분별과 절제가 뛰어나면 성도라고 일컬을 줄 알고 있습니다. 그래서 그는 "그 무법의 신비는 이미 작용하고 있습니다"(2테살 2,7)라고 말하며 네로 황제를 '무법의 신비'라고 부릅니다. 그런가 하면, 일용할 양식이 모자라 자선으로 먹고사는 이들도 성도라도 불렀습니다. 이와 동시에 바오로는 부자들에게 그들의 베풂은 계명을 지키는 일이며, 또 하찮고 경멸스러운 이들에게 베푼다고 우쭐하거나 으스대지 말고, 가난한 이들의 고난을 나누는 데에 합당하게 될 때 큰 영광을 누리게 된다는 것을 잘 알고 확신하도록 은근히 가르쳤습니다.

제2장 성도들을 위한 모금

5. 이런 것도 살펴볼 필요가 있습니다. 이 성도들은 누구입니까? 바오로는 여기뿐 아니라 다른 곳에서도 그들을 기

억하고 있습니다. "그러나 지금은 예루살렘으로 성도들에게 봉사하러 떠납니다"(로마 15,25). 그리고 사도행전에서 루카도 큰 기근이 예상될 때 바로 이 성도들을 기억하며 말합니다. "그래서 제자들은 저마다 형편에 따라 유다에 사는 형제들에게 구호 헌금을 보내기로 결의하였다"(사도 11,29). 그리고 앞에서 말씀드린 구절도 있습니다. "다만 우리는 가난한 이들을 기억하기로 하였고, 나는 바로 그 일을 열심히 해 왔습니다"(갈라 2,10). 내가[1] 그리스인들을 맡고 베드로가 유대인들을 맡기로 하면서 우리들 가운데 구분이 있긴 했지만, 가난한 이들에 대해서는 이러한 구분이 없도록 하자는 데에 합의하였습니다. 말하자면 선포할 때에는 한 사람은 유대인들에게, 다른 한 사람은 그리스인들에게 선포하였습니다. 그러나 가난한 이들을 거둘 때에는 한 사람은 가난한 유대인들만, 다른 한 사람은 가난한 그리스인만 돌보지는 않았습니다. 오히려 두 사람 다 유대인들 가운데 있는 거지들을 각별히 보살폈습니다. 그래서 그가 이렇게 말한 것입니다. "다만 우리는 가난한 이들을 기억하기로 하였고, 나는 바로 그 일을 열심히 해 왔습니다." 여기서, 또 로마서와 갈라티아서에서 바오로가 말하는 그들, 그가 마케도니아 신자들에게 도움을 촉구한 그들은 누구입니까? 예루살렘에 사는 유대인들 가운데 가난한 이들입니다. 왜 그는 그들을 위해 그토록 큰 관심을 일깨웁니까? 그런 거지들과 가난한 이들은 어느 도시에나 있지 않았을까요? 그런데 왜 그는 그들에게 구호금을 보내고, 그들을 위해 모든 이에게 간청합니까? 그저 또는 우연히 그렇게 한 것이 아니고, 그 개인들을 특별히 선호해서도 아니며, 유용성과 이로움 때문이었습니다.

6. 조금 위에서 드린 말씀을 다시 짚어 볼 필요가 있습니다. 유대인들은 예수님을 십자가에 못 박음으로써 자신들의 문제를 가라앉히기 위해서 이렇게 확신 있게 말한 자들이었습니다. "우리 임금은 황제뿐이오"(요한 19,15). 그때부터 유대인들은 로마인들의 지배에 자신들을 넘겼습니다. 그 뒤로 그들은 예전처럼 독립적이지 않았고, 지금처럼 온전히 종이지도 않았습니다. 대신 그들은 자기들의 임금들에게 세금을 내고 그 임금들이 보낸 지도자들을 받아들이는, 서열에 따른 동맹 관계를 지속하였습니다. 그러나 종종 그들은 자기들 나름의 법에 따라 살고, 조상의 관습에 따라 죄가 되는 짓을 한 이들을 그들 나름대로 처벌하기도 했습니

다. 그들이 로마인들에게 세금을 냈다는 것은, 예수님께 "황제에게 세금을 내는 것이 합당합니까, 합당하지 않습니까?" (마태 22,17)라고 물으며 그분을 시험하는 말에서 분명히 드러납니다. 예수님께서는 당신에게 동전을 보여 달라고 명령하시며, 이렇게 말씀하십니다. "황제의 것은 황제에게 돌려주고, 하느님의 것은 하느님께 돌려 드려라"(마태 22,21). 루카는 성전에는 장군들과 백인대장들도 있었다고 말합니다. 이러한 것들은 유대인들이 로마인들에게 어떤 식으로 종속되어 있었는지 충분하게 드러내 줍니다. 그러나 유대인들이 그들 나름의 법률 아래 살았다는 것 또한 다음과 같은 사실에서 분명히 드러납니다. 그들은 스테파노를 법정으로 데리고 가지 않고 돌을 던져 죽였고, 주님의 형제 야고보도 죽였습니다. 재판관이 그리스도를 용서하고 모든 죄목에서 풀어 주었음에도 그들은 그리스도마저 십자가에 못 박았습니다. 그래서 본시오 빌라도는 손을 씻으며 이렇게 말했던 것입니다. "나는 이 사람의 피에 책임이 없소"(마태 27,24). 유대인들이 무섭게 졸라 대는 것을 본 빌라도는 판결을 내리지 않고 기권한 것입니다. 그들은 자신들의 횡포한 권력을 휘둘러 그 이후의 모든 일을 저질렀습니다.

7. 유대인들은 심지어 바오로도 자주 공격했습니다. 그들은 자체 법정을 활용했기에, 그들 가운데에서도 그리스도를 믿는 이들은 다른 이들보다 더 가혹한 일들을 겪었습니다. 다시 말하자면, 다른 도시들에는 법정과 법률과 관리들이 있었습니다. 그러나 자격이 없는 다른 민족 사람들은 그들의 판결로 그리스도인들을 사형시키거나 돌을 던지거나 다른 악을 저지를 권리가 없었습니다. 만일 누군가 재판관들의 판결을 거스르면 붙잡혀서 벌을 받았습니다. 그러나 이런 일들과 관련해서 유대인들에게는 예외적으로 큰 권한이 주어졌습니다. 바로 이런 까닭에, 그들 가운데 그리스도를 믿는 이들은 모두 끔찍한 고통을 겪었습니다. 마치 늑대들에 둘러싸여 무섭게 위협받는데 구해 줄 사람이 아무도 없는 형편과도 같았습니다. 그래서 유대인들은 심지어 바오로도 여러 번 채찍질하였습니다. 바오로의 말을 들어 보십시오. "마흔에서 하나를 뺀 매를 유대인들에게 다섯 차례나 맞았습니다. 그리고 채찍으로 맞은 것이 세 번, 돌질을 당한 것이 한 번입니다"(2코린 11,24-25). 이 말은 억측이 아니라고 바오로는 히브리인들에게 쓴 편지에서 말합니다. "예전에 여러분이 빛을 받은 뒤에 많은 고난의 싸움을 견디어

낸 때를 기억해 보십시오. 어떤 때에는 공공연히 모욕과 환난을 당하기도 하고, 어떤 때에는 그러한 처지에 빠진 이들에게 동무가 되어 주기도 하였습니다. 여러분은 또한 감옥에 갇힌 이들과 고통을 함께 나누었고, 재산을 빼앗기는 일도 기쁘게 받아들였습니다. 그보다 더 좋고 또 길이 남는 재산을 가지고 있다는 것을 알고 있었기 때문입니다"(히브 10,32-34). 또 테살로니카 신자들에게 도움을 청할 때에도 바오로는 이들을 내세웠습니다. "형제 여러분, 사실 여러분은 그리스도 예수님 안에서 살아가는 유다의 하느님 교회들을 본받는 사람이 되었습니다. 그곳 신자들이 유다인에게서 받은 것과 똑같은 고난을 여러분도 여러분의 동족에게서 받았기 때문입니다"(1테살 2,14). 그들은 자비를 입지 못한 것에 그치지 않고 가진 것을 모두 빼앗기고 여기저기 끌려 다니며, 사방에서 쫓겨나 가장 심한 고통을 겪었기에 그가 그들을 옹호하기 위해 기회 있을 때마다 신자들에게 관심을 일깨운 것은 잘한 일입니다. 여기서도 그는 바로 그들에 관하여 코린토 신자들에게 권고합니다. "성도들을 위한 모금에 관해서는, 내가 갈라티아의 여러 교회에 지시한 것과 같이 여러분도 그대로 하십시오"(1코린 16,1).

8. 그러니 이 성도들이 누구이며, 왜 바오로가 그들에게 그토록 많은 배려를 쏟는지 충분히 명백해졌습니다. 이제 우리는 왜 바오로가 갈라티아인들을 기억하는지를 알아보도록 합시다. 왜 그는 '성도들을 위한 모금에 관해서는, 이렇게 하십시오. 매주 첫날에 저마다 형편이 닿는 대로 얼마씩을 자기 집에 따로 모아 두십시오'라고 하지 않고, "성도들을 위한 모금에 관해서는, 내가 갈라티아의 여러 교회에 지시한 것과 같이 여러분도 그대로 하십시오"라고 했을까요? 왜 그는 한두 도시, 서너 도시를 기억하는 것이 아니라, 전체 민족을 기억하며 이렇게 합니까? 코린토 신자들이 더 기꺼운 마음가짐을 드러내게 하고, 갈라티아 신자들에 대한 칭찬이 그들을 열성으로 부추기는 자극이 되도록 하려는 것입니다.

9. 뒤에 가서는 그들에게 지시했던 방식까지도 일러 줍니다. "매주 첫날에 저마다 형편이 닿는 대로 얼마씩을 자기 집에 따로 모아 두십시오. 그래서 내가 갔을 때에야 모금하는 일이 없게 하십시오"(1코린 16,2). 그는 주님의 날을 매주 첫날이라 일컬었습니다. 왜 그는 성금 모금을 이날에 국한

시켰을까요? 왜 그는 매주 둘째 날, 셋째 날, 아니면 한 주간 내내라고 하지 않았을까요? 우연히 또는 괜히 이렇게 한 것이 아닙니다. 그는 기부자들을 더욱 열성적으로 만들기 위해 정해진 때에 도움을 받기를 바랐기 때문입니다.

10. 적절한 때가 모든 일에 알맞기란 쉬운 문제가 아닙니다. 그는 "적절한 때는 우리에게 자선을 하도록 설득하기에 알맞은 어떤 점들이 있는가?"라고 말합니다. 이날 우리는 모든 일을 접어 두고 우리 영혼은 휴식에서 오는 기쁨으로 빛나며, 무엇보다 가장 중요한 것은 이날 우리는 무수한 복들을 누려 왔다는 것입니다. 이날 죽음이 폐지되었고, 저주가 지워졌으며, 죄가 사라졌고, 지옥 문들이 산산조각 났으며, 악마는 감옥에 갇혔고, 길고 길었던 전쟁이 끝났으며, 하느님과 인간의 화해가 이루어졌습니다. 우리 인류는 원래의, 아니 그 전보다 훨씬 더 큰 고귀함으로 돌아갔으며, 태양은 인간이 불사불멸의 존재로 태어나는 놀랍고 역설적인 장면을 목격했습니다.

11. 그는 우리에게 이 모든 사건과 이와 비슷한 사건들을 일깨우고자 했으며, 옹호자처럼 이날만을 골라 모든 날 앞에 두었습니다. "아, 이날 얼마나 많고 특별히 큰 복들을 받

아 누렸는지 그것만 생각해 보십시오. 여러분이 얼마나 많은 악에서 구원되었는지, 전에 여러분은 누구였고 이런 일들이 있은 뒤에 어떤 사람이 되었는지 생각해 보십시오. 우리는 생일에, 그리고 많은 종들은 그들이 해방된 날에 각별한 예를 갖추어 이 사건들을 기념한다면, 그리고 우리가 잔치를 벌이고 자유로운 이들은 선물도 주면서 모두 이 특별한 시간을 기린다면, 모든 인간 본성의 생일이라 불러도 틀리지 않는 주님의 날은 훨씬 더 기려야 마땅합니다. 우리는 길을 잃었다가 발견되었고, 죽었다가 다시 살아났으며, 원수였다가 화해했기 때문입니다." 그러므로 이날을 영적으로 기리는 것이 마땅합니다. 잔치를 열어 포도주를 물처럼 부으며 술에 취해 춤추기 위해서가 아니라, 형제들 가운데 더 가난한 이들에게 큰 풍요로움을 안겨 주기 위해서입니다.

12. 나는 여러분이 맞는 말이라고 그저 고개만 끄덕일 것이 아니라 실제로 본받으라고 이런 말씀을 드리는 것입니다. 이런 일들이 코린토 신자들만이 아니라, 우리 한 사람 한 사람, 그리고 이다음에 올 모든 이를 향한 것이라고 여기십시오. 그리고 바오로가 시킨 바로 그 일을 합시다. 주님의 날마다 모든 이는 자기 집에 주님의 돈을 따로 모아 둡시다.

그리고 그 행동이 법이 되고 흔들림 없는 관습이 되게 합시다. 그러면 우리는 어떤 다른 권고도 조언도 필요치 않을 것입니다. 이런 일들을 이루어 내는 데 있어서 설교나 권고는 시간 속에서 굳건히 자리 잡은 습관만큼은 힘이 없기 때문입니다. 우리가 이를 받아들인다면, 곧 주님의 날마다 가난한 이들을 돕기 위해 얼마간씩 모아 둔다면 아무리 큰 곤궁이 우리에게 닥쳐도 우리는 이 법을 어기지 않을 것입니다.

13. 그러나 그는 "매주 첫날에"라고 하고 나서 "저마다"라고 덧붙입니다. 그는 '나는 부자들만이 아니라 가난한 이들에게도 말합니다. 자유로운 이들뿐 아니라 종들에게도 말합니다. 남자들뿐 아니라 여자들에게도 말합니다'라고 합니다. 아무도 이 직무에서 미완으로 남아 있지 않도록 합시다. 아무도 이익을 나누는 것을 꺼리지 않도록 합시다. 오히려 모든 이가 기부하게 합시다. 네, 가난조차도 이 기부에 방해가 되도록 허락하지 맙시다. 여러분이 아무리 가난하더라도 자신의 모든 재산을 다 내놓은 저 과부보다 더 가난하지는 않습니다(루카 21,2-4 참조). 밀가루 한 줌밖에 없지만 엘리야 예언자에게 환대를 베푸는 데 주저함이 없었던 시돈의 저 여인보다 더 거지는 아닙니다. 그 여인은 자식들

이 에워싸고 있는 것을 보았고, 기근이 그를 짓눌렀으며 아무것도 남아 있지 않았지만, 예언자를 기꺼이 받아들였습니다(1열왕 17,10 참조). 왜 바오로는 "저마다 형편이 닿는 대로 얼마씩을 자기 집에 따로 모아 두십시오"라고 했습니까? 따로 떼어 두는 사람은 적은 것을 내놓으려면 부끄러워 머뭇거리게 되기 때문일 것입니다. 이런 까닭에 그는 '따로 떼어 모아 두십시오. 작은 기부가 모여 크게 되면, 그때 모두 앞에 내놓으십시오'라고 말합니다. 그는 '함께 두십시오'라고 하지 않고 "모아 두십시오"라고 했습니다. 이렇게 쓰이는 것은 보화이며, 이러한 지출은 선지출로서 어떤 보물보다 나은 보물이 된다는 것을 여러분이 깨닫게 하려는 것입니다.

14. 눈에 보이는 보물은 유혹하고 줄어들며, 그것을 발견한 이들을 완전히 멸망시키는 경우도 많습니다. 그러나 천상의 보물은 정반대입니다. 그 보물은 줄어들지 않고 허물어지지 않습니다. 그 보물은 직접 손에 넣은 이들과 함께 나누는 이들에게 모두 구원이 됩니다. 시간이 지나도 줄어들지 않으며, 시기도 그것을 빼앗을 수 없습니다. 그 보물은 온갖 음모로도 건드릴 수 없으며, 보물을 모은 이들에게는

셀 수 없이 많은 유익을 줍니다.

제4장 기쁘게 주는 자선

15. 그러므로 우리는 말씀에 따릅시다. 자선이라는 분명한 목적을 위해 집에 돈을 모아 둡시다. 우리 가정에 개인 재산과 더불어 따로 떼어 모아 둔 거룩한 돈이 늘 있도록 하여, 우리 개인 재산이 그것으로 보호받을 수 있게 합시다. 궁궐 금고에 백성들의 돈이 보관되어 있고 가난한 이들을 위해 떼어 둔 돈을 통해 이들이 안정을 누리는 것과 마찬가지로, 우리 집에 가난한 이들을 위한 돈을 따로 떼어 주일마다 모아 둔다면, 극빈자들을 위한 자선은 공동보험이 될 것입니다. 또한 여러분은 여러분 자신의 돈에 대한 관리자로 바오로에게 임명받을 것입니다. 무슨 말이냐고요? 이미 모인 돈은 여러분에게 장차 훨씬 더 많은 돈을 모을 동력이자 더 큰 기회가 되리라는 뜻입니다. 이 좋은 습관을 시작만 하더라도, 여러분은 다른 조언자 없이도 가난한 이들을 위해 돈을 모으는 습관을 갖게 될 것이기 때문입니다. 이렇게 하여 모든 이의 집이 거룩한 돈을 모으는 교회가 되도록 합시다. 지상에서 허물어지지 않는 튼튼한 은행은 이러한 천상 금

고의 상징이기 때문입니다. 가난한 이들을 위한 돈이 모인 곳은 거기가 어디든 마귀들이 접근할 수 없습니다. 자선을 위해 모인 돈은 방패나 창, 무기나 물리적 힘, 수많은 군사들보다도 더욱 그리스도인 가정들을 튼튼히 지켜 줍니다.

16. 언제, 누구에게서, 어떻게 이 돈을 모아야 하는지 이야기한 다음, 바오로 사도는 금액의 문제는 기부하는 이들에게 맡겼습니다. 그는 '얼마 얼마씩 기부하십시오'라고 말하지 않았습니다. 이러한 지시가 부담이 되지 않도록 하고, 내놓기 꺼려하는 부자들에게 가난을 이유로 댈 여지를 주지 않으며, 참으로 가난한 이들이 '우리는 줄 능력이 없는데 이제 어떻게 하나?' 하고 말하는 일이 없도록 한 것입니다. 오히려 그는 기부의 양을 기부자들의 역량에 제한시켰습니다. "저마다 형편이 닿는 대로 얼마씩을 자기 집에 따로 모아 두십시오." 그는 '할 수 있는 만큼 전부', '보이는 대로 다'라고 하지 않고 "형편이 닿는 대로"라고 하였습니다. 기부하는 사람은 위에서 오는 은총과 영향을 조력자로 모시게 되리라는 것을 보여 주기 위해서입니다. 바오로의 목적은 단지 돈이 가난한 이들을 위해 기부되는 데 그치지 않고, 더욱 자발적으로 기부되도록 하는 것이었습니다. 마찬가지

로, 하느님께서는 자선이 가난한 이들을 위한 자양분이 되도록 정하셨을 뿐 아니라, 기부하는 사람들도 유익을 얻도록 하셨으며, 오히려 기부하는 이들이 받는 이들보다 훨씬 더 유익을 누리게 하셨습니다. 가난한 이들의 유익만을 생각했다면, 그저 돈을 주라고만 명령하지, 기부하는 이들의 자발성을 요청하지는 않았을 것입니다. 바오로는 무엇보다도 주는 이들이 기뻐야 한다고 모든 면에서 애써 당부하고 있는 것을 알 수 있습니다. 주는 이들이 기쁨에 차서 베풀어야 합니다. 언젠가 그는 "저마다 마음에 작정한 대로 해야지, 마지못해 하거나 억지로 해서는 안 됩니다. 하느님께서는 기쁘게 주는 이를 사랑하십니다"(2코린 9,7) 하고 말합니다. 그저 주는 사람이 아니라, 기쁘게 주는 사람이라고 말합니다. 다른 곳에서는 "나누어 주는 사람이면 순수한 마음으로, 지도하는 사람이면 열성으로, 자비를 베푸는 사람이면 기쁜 마음으로 해야 합니다"(로마 12,8) 하고 말합니다. 자선은 기쁘게 주는 것이며, 주는 것보다 더 많이 받는다는 것을 믿는 것입니다. 이런 까닭에 그는 명령이 모든 면에서 쉬운 것이 되도록 노력하여, 기부가 자발적으로 이루어질 수 있도록 합니다.

17. 이 일의 어려움을 줄이기 위해 그가 얼마나 여러모로 노력했는지 보십시오. 먼저, 그는 한 곳이나 두세 곳이 아니라 성읍 전체에 기부 명령을 내렸습니다. 가난한 이들을 위한 모금은 모든 이가 거저 베푸는 기부이며 모금이기 때문입니다. 둘째, 받는 이들도 영예롭게 하였습니다. '거지'라고 하지 않고 "성도"라고 하였기 때문입니다. 셋째, "내가 갈라티아의 여러 교회에 지시한 것과 같이"라고 말하여, 이미 이렇게 한 다른 이들을 예로 듭니다. 이 밖에도, 적절한 날을 정해 줍니다. "매주 첫날에 저마다 형편이 닿는 대로 얼마씩을 자기 집에 따로 모아 두십시오." 다섯째, 한 번에 자선하도록 명령하지 않고 조금씩 차츰차츰 하도록 명령합니다. 사람들에게 하루에 몽땅 기부하라고 명령하고, 자기가 그것을 오랜 시간 동안 조금씩 나눈다면 적절치 않습니다. 이렇게 하면 아무도 지출이 생긴 것을 알아차릴 수 없기 때문입니다. 여섯째, 금액을 정하지 않고 기부자의 판단에 맡기며, 이것이 하느님께서 주신 것임을 드러냈습니다. 이 두 가지는 "형편이 닿는 대로"라는 말로 드러났습니다. 그리고 또 하나, 일곱째도 덧붙였습니다. "그래서 내가 갔을 때에야 모금하는 일이 없게 하십시오." 그는 그들에게 한꺼번에 두

가지를 합니다. 그들이 서둘러 돈을 모아 놓으면 그가 올 때까지 기다릴 수 있을 것입니다. 그리고 바오로가 자기가 도착하기 전에 돈을 모을 수 있게 정해 준 긴 시간 동안 그들은 편안할 것입니다. 그는 이것으로 만족하지 않았습니다. 대신 그는 또 다른 것, 여덟째를 덧붙입니다. 무엇이겠습니까? "내가 도착하면, 여러분이 선정하는 이들을 보내면서 편지와 함께 여러분의 고마운 선물을 예루살렘으로 가져가게 하겠습니다. 나도 가는 것이 마땅하면 함께 가겠습니다" (1코린 16,3-4). 이 복되고 고귀한 영혼은 얼마나 겸손하고 온유한지 보십시오! 얼마나 신중하고 다정합니까! 그는 돈을 관리할 이 사람들을 자기 의사대로 뽑으려고 하지도 않고, 묵인하지도 않았습니다. 오히려 그는 그들을 선발하는 일을 코린토 신자들에게 맡겼습니다. 그리고 자신이 아니라 코린토인들의 판단과 투표로 관리자들을 임명하는 것이 자신에 대한 모욕이라 여기지도 않았습니다. 사실은 그 반대였습니다. 기부는 그들이 하는데 관리자 선발은 자신이 한다는 것이 그에게는 이상하게 여겨졌던 것입니다. 그래서 그는 그들에게 이 문제를 맡김으로써, 자신의 공정함을 드러냄과 동시에 낯선 의혹의 그림자와 모든 평계를 없앤 것입니다. 그는 태양보다 밝고 어떠한 악한 의혹도 받을 소지가 없었으나, 가장 약한 이들을 보호하면서 잘못된 의혹도 피하기 위해 필요 이상으로 진지했습니다. 이런 까닭에 그는 이렇게 말합니다. "내가 도착하면, 여러분이 선정하는 이들을 보내면서 여러분의 고마운 선물을 가져가게 하겠습니다." 무슨 말씀이십니까? 당신은 배를 타고 가지도, 돈을 받지도 않고, 이 문제를 다른 이들에게 맡긴다는 말씀입니까? 그들이 이런 생각으로 더 나태해지지 않도록, 그가 어떻게 이를 다시 바로잡는지 주목해 보십시오. 그는 단순히 "여러분이 선정하는 이들을 보내겠습니다"라고만 하지 않았습니다. 그럼 어떻게 했습니까? "편지와 함께"라고 합니다. 내 몸이 직접 거기 가지는 않지만, 내 편지들이 여러분에게 갈 것이며, 그들의 봉사에 함께하리라는 말입니다.

제5장 자선을 향한 열의와 자발성

18. 다른 모든 이들보다 훨씬 많은 은총을 받은 이가 다른 모든 사람 너머로 명예를 돌리는데, 이 돈들을 관리하는 사람들이 우리 의견이나 판단이나 투표로 뽑히지 않는다고 우리가 당황하고 언짢아한다면, 바오로의 그림자나 그의

신발에라도 합당하겠습니까? 그들의 돈을 쓰는 사람들이 우리 없이, 우리 의견 없이 돈을 쓰는 것을 우리가 무례하다고 여긴다면 말입니다. 그가 어떻게 언제나 유념하며 결코 잊지 않는지 보십시오. 여기서 그는 명령이나 자선이 아니라 은총을 이야기합니다. 그는 죽은 이들을 살리고 마귀를 쫓아내며 나병 환자들을 낫게 하는 것이 은총의 일이듯이, 가난을 치유하고 가난한 이들을 돕는 것도 마찬가지이며, 이것이 훨씬 더 은총의 활동이라는 것을 보여 줍니다.

19. 이것은 은총이지만, 우리가 자비로워지고 자발적으로 나서며 스스로 은총에 맞갖아질 수 있도록 우리 자신의 열성과 자발성도 필요로 합니다. 그래서 그는 선발된 이들과 함께 자신의 편지를 보내는 것, 이 방법으로 그들을 위로했습니다. 그리고 이보다 훨씬 더 큰 다른 방법도 있었는데, 이 해외여행에 자신도 합류할 것이라고 약속한 것입니다. "나도 가는 것이 마땅하면 함께 가겠습니다"(1코린 16,4). 여기서 그의 지혜로움을 생각해 보십시오. 그는 그들과 함께 가는 가능성을 부인하지 않았고, 그렇다고 확실하게 약속하지도 않았습니다. 오히려 그는 이 문제 역시 돈을 대는 사람들의 판단에 맡겼습니다. 그는 자신의 여행에 관해 그들에게

권한을 부여하되, 헌금이 넉넉히 모이고 자신까지 움직일 정도로 넉넉해지면 무슨 수를 써서라도 여행에 동참할 뜻임을 드러냅니다. "마땅하면"이라는 말은 알쏭달쏭합니다. 그가 이 출발을 딱 잘라 거절했더라면, 그들은 더 실망했을 것이고 준비도 덜 갖추어질 것입니다. 그가 동의하면서 애매하게 약속했다면, 그들은 더 나태해졌을 것입니다. 이런 까닭에 그는 완전히 거절하지도 약속하지도 않고, "마땅하면"이라는 말로 이를 코린토 신자들의 판단에 맡깁니다.

20. 바오로가 그들의 기부를 실어 나르려 한다는 말을 듣고 그들은 더욱 자발적으로 더 열심히 이 문제에 매달렸습니다. 거룩한 손들이 헌금을 관리하고, 바오로의 기도가 이 희생에 더해지리라는 조건 아래 말입니다. 이 기부를 바오로가 실어 나르도록 내어 주는 일에서 코린토 신자들이 매우 자발적으로 그리했다면, 가난한 이들을 통해 받으시는 바오로의 스승께 내어놓는 일에서 여러분이 이를 미루면 어떤 변명을 할 수 있겠습니까? 이 문제가 대단한 것도 아니고 많이 힘든 것도 아니라면, 온 세상을 맡은 이, 태양 아래 모든 교회를 염려하는 이가 이 돈을 관리하는 일에 봉사하겠다고 약속하지 않았을 것입니다. 그러므로 우리가 줄

필요가 있을까, 다른 이들을 보살피는 일을 도와야 할까 재어 보면서 이 일을 꺼리지 말고 우리의 재산이 줄어들고 있는 것처럼 실망하지도 맙시다. 그것이 어찌 부적절하지 않겠습니까? 농부는 자기 재산을 조금씩 없애면서 씨를 뿌리지만 언짢아하거나 마음 아파하지 않으며, 지금 일어나고 있는 일을 지출이 아니라 오히려 이윤이며 소득으로 여깁니다. 사실 그의 희망은 불확실한 것인데도 말입니다. 그런데 여러분은 이런 목적이 아니라 훨씬 더 위대한 목적으로, 그것도 여러분의 돈을 그리스도께 맡길 생각으로 씨 뿌리면서, 주저하고 멍해지며 가난을 구실로 끌어들입니까? 하느님께서 땅이 순금을 생산하도록 명령하실 수는 없었겠습니까? "땅은 푸른 싹을 돋게 하여라"(창세 1,11)라고 말씀하시고, 땅이 곧바로 꾸며지는 것을 보여 주신 분께서는 금으로 된 샘과 금으로 된 강이 여기저기 솟구치도록 하실 수도 있었습니다. 그러나 그분은 이를 바라지 않으셨습니다. 오히려 그분께서는 많은 이들이 그들 자신을 위해서나 여러분을 위해서 극빈 상태로 있도록 허락하셨습니다. 가난은 분명 부보다 덕에 더욱 적합하기 때문입니다. 게다가 죄에 머무는 이들은 궁핍한 이들을 도움으로써 큰 위로에 이를 수 있습니다.

21. 하느님께서는 이 문제를 몹시 시급하게 여기시기에, 그분께서 지상에 오셔서 육을 입으시고 사람들 가운데 사실 때에, 가난한 이들의 문제를 몸소 챙기는 것을 소홀히 하지 않으셨고 이를 부끄러운 일로 여기지도 않으셨습니다. 사실 그분께서는 많은 빵을 만드셨고 당신께서 바라시는 모든 것을 당신 명령으로 이루실 수 있었으며 순식간에 수많은 보화들을 보여 주실 수 있었지만, 그렇게 하시지 않으셨습니다. 오히려 그분께서는 제자들에게 바구니를 관리하게 하시고, 그 안에 있는 것이 얼마가 됐든 그것으로 가난한 이들을 돕도록 명령하셨습니다. 그래서 그분께서 비유를 들어 유다에게 돈에 관하여 말씀하실 때(요한 12,7-8 참조), 그분의 말씀을 이해하지 못한 제자들은 그분께서 유다에게 가난한 이들에게 주라고 말씀하시는 것으로 생각했다고 요한 사도는 전합니다. "그는 돈주머니를 맡고 있으면서 거기에 든 돈을 가로채곤 하였다"(요한 12,6).

22. 자비의 원리는 하느님께 대단한 것입니다. 그분의 자비뿐 아니라, 우리의 동료 종들에게 돌아가야 마땅한, 우리에게서 나오는 자비도 그러합니다. 구약성경과 신약성경

모두에서 하느님께서는 이 문제에 관한 무수한 법을 규정해 놓으십니다. 그리고 우리에게 모든 면에서, 말과 돈과 행동을 통해 꾸준히 자애로우라고 명령하십니다. 모세는 자신의 입법집 곳곳에서 이 문제에 관해 이야기합니다. 예언자들은 하느님의 이름으로, "내가 바라는 것은 희생 제물이 아니라 자비다"(호세 6,6 참조)라고 외칩니다. 그리고 모든 사도들도 이런 예언적 말씀에 맞갖게 행동하고 말합니다. 그러니 이 문제를 소홀히 하지 맙시다(마태 9,13 참조). 가난한 이들이 아니라 우리 자신에게 크게 이롭기 때문입니다. 그리고 우리는 우리가 베푸는 것보다 훨씬 많이 받을 것입니다.

제6장 조건 없는 자선

23. 무턱대고 이런 말씀을 드리는 것이 아닙니다. 많은 이들이 가난한 이들에 대해 지나치게 캐는 경우가 있기 때문에 하는 말입니다. 그들은 가난한 이들의 집안과 생활, 버릇과 관심사, 몸 상태까지 따집니다. 그들은 불평하고, 가난한 이들의 건강을 대놓고 꼼꼼히 검사하기를 요구합니다. 바로 이런 이유로, 많은 가난한 이들은 육체적 장애가 있는 척 가장하여 자신들의 비참을 극적으로 과장함으로써 우리의

잔인성과 몰인정이 비껴가게 합니다. 여름에는 이런 불평을 하는 것이 끔찍한 일이기는 하나 그리 지독한 일은 아닙니다. 그러나 엄동설한에 누군가 그런 야만적이고 몰인정한 재판관이 되어 일자리 없는 이들에게 전혀 관용을 베풀지 않는다면, 이는 지나치게 잔인하지 않겠습니까? "그러면 바오로가 테살로니카 신자들에게 '일하기 싫어하는 자는 먹지도 말라'(2테살 3,10)고 말하며 법으로 세운 것은 어떻게 됩니까?" 하고 말하는 이들이 있습니다. 여러분도 이런 소리를 듣지 않도록, 바오로의 말을 가난한 이들에게만 적용할 것이 아니라, 여러분 자신에게도 적용해야 합니다. 바오로의 법은 가난한 이들만이 아니라 우리를 위해 세워진 것이기도 하기 때문입니다.

24. 부담스럽고 무거운 이야기를 좀 해야겠습니다. 여러분이 화낼 것을 알지만 말씀드려야겠습니다. 여러분을 찔리게 하려는 것이 아니라 바로잡기 위해서입니다. 우리는 사람들을 게으르다고 비판하는데, 이는 대부분 용서받을 수 있는 일입니다. 그런데 우리는 종종 게으름보다 훨씬 더 중대한 일을 저지르고는 합니다. 여러분은 '하지만 나는 조상의 땅이 있습니다' 하고 말할 것입니다. 가난하고, 가난한

부모에게서 났으며, 부유한 조상이 없는 사람은, 그럼 그는 완전히 망해도 됩니까? 말해 보십시오. 바로 이런 이유로 그는 자비와 연민을 받기에 합당하며, 가진 사람들보다 훨씬 더 자격이 있습니다. 극장이나 아무 이로울 것 없는 모임이나 단체에서 하루를 보내는 일이 잦고 수많은 사람들을 헐뜯느라 바쁜 그대, 그대는 스스로 고통을 전혀 낳지 않으며 게으르지 않다고 생각합니까? 하루 종일 눈물로, 가엾기 짝이 없는 모습으로 구걸하는 이, 그대는 그를 판단하며 법정에 끌고 와서 시시비비를 따져 달라고 요구합니까? 이런 일들이 인간답습니까? 말해 보십시오. 여러분이 '그러면 우리는 바오로에게 뭐라고 해야 합니까?' 하고 말할 때, 여러분 자신과도 대화를 나누어 보십시오. 그리고 이런 말들을 가난한 이들에게만 하지 마십시오. 처벌의 위협뿐 아니라 용서에 관해서도 읽으십시오. "일하기 싫어하는 자는 먹지도 말라"고 말한 사람은, "형제 여러분, 여러분은 낙심하지 말고 계속 좋은 일을 하십시오"(2테살 3,13)라고 덧붙였기 때문입니다. 그러나 사람들의 허울뿐인 구실은 무엇입니까? '그 사람들은 도망자에, 이방인에, 쓸모없는 악당인 데다가, 자기 조국을 버리고 우리 도시²로 흘러들어오고 있습니다'

라고 그는 말합니다. 말해 보십시오, 그대는 이런 이유 때문에 화를 내고, 모두가 공공의 항구로 여기는 이 도시의 영광스러운 화관인 자선의 관행을 박살내고 있습니까? 그들이 자기가 태어난 고향 도시보다 이국의 도시가 더 좋아서 왔겠습니까?

25. 사실 여러분이 대단히 기뻐하고 즐거워야 할 이유는 여기 있습니다. 모든 이가 마치 공동의 상점으로 달려가듯 여러분의 손길로 달려가며 이 도시를 공동의 어머니로 여긴다는 것입니다. 그 찬사를 완전히 파괴하지 말고, 조상 때부터 한결같이 이어져 오는 그 칭찬을 훼손하지 마십시오. 언젠가 기근이 온 땅을 뒤덮었을 때, 이 도시의 주민들은 바르나바와 사울의 손을 통해 예루살렘 주민들과 우리가 이 논의를 제기하게 된 이들에게 많은 돈을 보냈기 때문입니다(사도 11,30 참조). 우리 조상들은 멀리 사는 이들에게도 돈으로 도움을 주고 그들을 도우러 달려갔는데, 우리는 다른 곳에서 우리에게로 피난처를 찾아 도망쳐 온 이들조차 쫓아 버리고, 우리는 수많은 악을 저지르면서도 그들에게는 정확한 회계 감사 따위를 요구한다면 어떤 핑계와 변명을 제대로 댈 수 있겠습니까? 우리가 가난한 이들을 캐듯이 하느

님께서 우리 문제를 하나하나 꼼꼼히 살피신다면, 우리는 용서나 자비를 전혀 받지 못할 것입니다. "너희가 심판하는 그대로 너희도 심판받을 것이다"(마태 7,2). 그러니 우리의 동료 종들에게 인간애를 지니고 다정한 사람이 되십시오. 그의 많은 죄를 탕감해 주고 자비를 베푸십시오. 그리하여 여러분도 하느님께 똑같이 너그러운 판결을 받기에 맞갖게 되십시오. 여러분은 여러분 자신을 위해 어떤 환경을 엮어 가고 있습니까? 왜 여러분은 호사가가 되어 다른 사람들의 일에 참견합니까? 하느님께서는 우리에게 다른 사람들의 삶을 캐고 그들에게 설명을 요구하며 다른 이들의 삶의 방식에 호기심을 품으라고 명령하지 않으셨습니다. 만일 하느님께서 그러셨다면 많은 이들이 어쩔 줄 몰라 하지 않겠습니까? 그러면 사람들은 '이게 뭐람? 하느님께서 나에게 너무 어려운 일을 맡기셨네. 우리가 다른 사람들의 삶을 조사할 수 있단 말인가? 모든 사람의 죄의 크기를 우리가 알 수 있단 말인가?' 하고 자문하지 않겠습니까? 많은 이들이 그런 말들을 많이들 하지 않겠습니까? 하느님께서는 우리에게 이 모든 참견질을 면제해 주시고, 우리의 자선을 받는 이들이 악하든 선하든 우리에게는 완전한 보상을 주시기로 약속하셨는데, 우리가 괜히 다른 이들에게 문제를 일으킵니다. '우리가 선한 이들과 악한 이들에게 주었을 때 상급을 받게 되리라는 것이 확실합니까?' 그분의 말씀이 보증입니다. "너희는 원수를 사랑하여라. 그리고 너희를 박해하는 자들을 위해 기도하여라. 그래야 너희가 하늘에 계신 너희 아버지의 자녀가 될 수 있다. 그분께서는 악인에게나 선인에게나 당신의 해가 떠오르게 하시고, 의로운 이에게나 불의한 이에게나 비를 내려 주신다"(마태 5,44-45). 무수한 이들이 주님을 거슬러 독성죄를 짓고 수많은 이가 매춘과 도둑질, 약탈을 자행하며, 무덤을 파헤치고 온갖 악행을 저지르지만, 그분께서는 그들 모두에게서 당신의 은혜를 거두지 않으십니다. 오히려 그분께서는 햇빛과 빗물과 땅에서 나는 곡식 전체를 고루 함께 나누도록 모두에게 펼쳐 주십니다. 여러분도 그분의 사랑을 드러냄으로써 똑같이 하십시오.

26. 자선과 인간애를 위한 적절한 때에는, 가난을 바로잡고, 배고픔을 없애 주며, 여러분 스스로를 괴롭히지 말고, 더 이상 바쁘게 동동거리지 마십시오. 사실 우리가 남의 삶을 조사하려 들면, 아무에게도 자비를 베풀 수 없을 것입니다. 오히려 우리는 이런 시의적절치 못한 참견질에 가로막

혀서 아무 열매도 맺지 못하고 아무런 도움도 얻지 못하며, 아무리 애를 써도 소용없고 헛일이 될 것입니다. 이런 까닭에 여러분에게 진심으로 간청합니다. 이런 부적절한 호기심을 멀리 떨쳐 내고, 필요한 모든 이에게 베푸십시오. 넉넉히 베푸십시오. 그리하면 우리 주 예수 그리스도의 사랑과 은총으로 우리 모두 이르게 될 그날에, 하느님의 자비와 사랑을 입을 것입니다. 성부와 성령과 더불어 우리 주 예수 그리스도께 영광과 권능과 영예가 이제와 항상 영원히 세세대대로 있나이다. 아멘.

1. 요한 크리소스토무스의 간추린 생애[1]

1.1. 가난한 이들을 사랑한 설교가

요한 크리소스토무스Ioannes Chrysostomus(349/350~407)는 349년경 안티오키아에서 태어났다. 두 살도 되기 전에 아버지 세쿤두스를 여읜 요한은 갓 스물의 홀어머니 안투사의 훌륭한 가정교육을 받으며 자랐다. 당대의 유명한 수사학자 리바니우스의 제자였는지는 분명하지 않지만 탄탄한 인문 교육을 받았고, 안티오키아의 주교 멜레티우스에게 세례를 받았다(368). 안티오키아 성서 주석 학교의 창립자요 훗날 타르수스의 주교가 되는 수도승 디오도루스의 제자가 되어 성경 공부와 수행의 삶에 전념했고(368~371), 멜레티우스 주교에게 독서직을 받았다(371). 수행의 삶을 꿈꾸던 요한은 안티오키아를 떠나 4년 동안 연로한 수도승의 지도를 받으며 수도생활을 했다(372~376). 그 뒤 2년 동안 동굴에서 참회하면서 성경을 읽고 기도하고 묵상하는 은수생활을 이어 갔다(376~378). 그러나 오랜 고행으로 건강을 해친 그는 고향에 돌아왔다(378). 멜레티우스 주교는 그에게 부제품을 주었고(381), 5년 뒤 안티오키아의 새 주교 플라비아누스에게 사제품을 받았다(386). 12년 동안 사제로(386~397), 6년간 주교로(397~403) 사목하면서 행한 설교는 민중의 큰 사랑을 받았다. 그 가운데 오늘날까지 700여 편이 전해지는데, 부자들을 불편하게 만드는 가난한 사람들에 대한 '편애'가 언제나 그 핵심을 관통한다. 하느님의 사랑과 자비를 일깨워주고, 정의롭고 연민 가득한 세상을 일구려던 착한 목자 요한을 거기서 만나게 된다.

1.2. 복음을 사랑한 개혁적 사목자

397년에 제국의 수도 콘스탄티노플의 총대주교 넥타리우스가 세상을 떠나자, 고약한 교회정치가인 알렉산드리아의 총대주교 테오필루스가 자기 사람을 그 자리에 심으려했다. 아르카디우스 황제는 최측근인 에우트로피우스의 추천을 받아 교회정치와 거리가 먼 사목자 요한 크리소스토무스를 새 주교로 임명했다. 그러나 요한을 사랑하는 안티오키아 백성들의 반대와 겸손한 요한의 거절을 염려한 황제는 몰래 특사를 보냈다. 영문도 모르는 요한을 태운 특사의 마차는 곧장 황제의 도시 콘스탄티노플로 내달렸다. 마차에서 임명 소식을 들었을 때는 이미 돌이킬 수 없는 상황이었다. 결국 자신의 주교 임명을 결사반대하던 알렉산드리아의 총대주교 테오필루스의 주례로 주교품을 받았으니, 그의 나이 마흔아홉이었다(398).

콘스탄티노플의 총대주교 요한은 전임 주교가 누렸던 화려한 생활 방식을 소박하고 검소하게 바꾸었다. 부패하고 타락한 성직자들을 개혁하고, 부잣집을 기웃거리던 수도승들을 수도원으로 돌려보냈다. 교회 재산을 가난한 이들에게 나누어 주었으며, 성물을 녹이고 화려한 교회 건축 자재를 팔기까지 했다. 금실로 짠 제대포로 제대를 장식하는 것보다 가난한 사람들 안에서 헐벗고 계신 예수 그리스도를 입혀 드리는 것이 훨씬 더 소중하다는 확신으로 말미암은 것이었다. 돌 제대가 아니라 살 제대 위에 내려오시는 주님을 섬기기 위해 교회 재산을 매각했다는 이유로 비난과 고소를 당하기 일쑤였지만 흔들리는 법이 없었다.

수많은 사람들이 요한 총대주교에게 뜨거운 지지를 보냈고, 그의 설교를 듣기 위해 몰려들었다. 그러나 모두가 다 그랬던 것은 아니다. 요한의 개혁에 불만을 품은 주교들과 적대자들은 조직적으로 저항하며 복수의 칼을 갈았다.

해제

1.3. 두 차례의 유배와 죽음의 행진

요한 크리소스토무스는 교회정치와는 전혀 거리가 먼 인물이었지만, 정치권력자들의 거짓과 위선에 맞서 용기 있게 복음을 선포했다. 요한의 선임자 넥타리우스(나지안주스의 그레고리우스의 후임자)는 16년 재임 기간 동안 황실과 적당히 타협하며 좋은 관계를 유지했으나, 요한은 설교 때마다 부자와 권력자들의 탐욕과 파렴치를 비판하고 황실의 사치와 허례허식을 준엄하게 꾸짖었다. 귀부인들의 고자질과 교회 정치꾼들의 농간으로 요한에게 적개심을 품게 된 에우독시아 황후는 총대주교를 몰아낼 음모를 꾸민다. 때마침 칼케돈 황궁에 머물고 있던 모사꾼 알렉산드리아의 테오필루스가 이 일에 앞장서 요한을 해임하기로 합의했다. 큰 참나무가 있던 칼케돈 황궁에서 이른바 '참나무 교회회의'(403)가 열렸고, 터무니없고 치졸하기 짝이 없는 70건의 고발로 요한을 전격 해임했다. 심약한 아르카디우스 황제도 이 결정에 동의함으로써 요한의 첫 번째 유배가 시작되었다.

때마침 유산으로 하늘이 두려워진 에우독시아 황후는 귀양길에 오른 요한을 서둘러 다시 불러들였다. 그러나 유배에서 돌아온 다음에도 부자들과 부패한 정치권력에 대한 요한의 비판은 수그러들 줄 몰랐다. 격노한 에우독시아의 요청으로 아르카디우스 황제는 요한에게 부활절까지 물러나도록 권고했으나 요한은 거부했다. 마침내 404년 부활 예식이 시작되자 중무장한 군인들이 들이닥쳤다. 끌려 나온 요한은 한동안 연금되었다가 다시 돌아오지 못할 두 번째 유배 길에 올랐다(404년 가을).

요한은 아르메니아 지방 쿠쿠수스에서 귀양살이하면서 "주님께서 주셨다가 주님께서 가져가시니, 주님의 이름은 찬미받으소서!"라는 욥의 기도를 늘 되풀이했다. 그리고 열악한 상황에서도 사목 서간을 쓰고, 찾아오는 이들을 따뜻하게 맞아 주고 위로해 주었다. 3년 동안 이어진 쿠쿠수스 유배 시기에 요한을 만나려는 사람들의 순례가 끊이지 않자, 그의 영향력을 두려워한 반대자들은 또다시 황제를 부추겨 흑해의 극동쪽 피티우스로 추방했다. 피티우스를 향한 죽음의 행진은 3개월 동안 혹독하게 이어졌다. 위독한 상황 속에서도 멈추지 않은 계획적인 강행군 도중에 쓰러진 요한은 폰투스 지방 코마나의 바실리스쿠스 경당에 옮겨졌고, 성체를 모신 다음 세상을 떠났다(407년 9월 14일). "하느님은 모든 일에서 찬미받으소서!" 그가 남긴 마지막 말이었다. 그때 나이 58세였다.

1.4. 요한 크리소스토무스와 교회 역사

로마의 주교 인노켄티우스(402~417)는 412년에 그의 명예를 회복시켰고, 428년에는 콘스탄티노플의 총대주교 네스토리우스(428~431)가 요한 크리소스토무스를 기념하는 시성식諡聖式과도 같은 장엄 전례를 거행했다. 438년에는 아르카디우스 황제와 에우독시아 황후의 아들인 테오도시우스 2세가 요한의 유해를 콘스탄티노플 사도교회에 이장하고, 그 앞에 무릎을 꿇고 부모가 저지른 죄에 대해 용서를 청했다. 그러나 1204년 제4차 십자군 원정 때 콘스탄티노플을 침공한 십자군은 요한의 유해를 파헤쳐 로마로 옮겨 갔고, 1626년에는 로마의 성 베드로 대성당에 안치했다. 유해가 콘스탄티노플을 떠난 지 꼭 800년이 되던 지난 2004년 11월 27일 성 요한 바오로 2세 교황은 요한의 유해를 다시 콘스탄티노플 총대교구로 이장하면서 "상처받은 기억을 씻고 화해의 여정을 더 강화하는 복된 기회"[2]를 마련했다.

요한 크리소스토무스는 교부들 가운데 가장 위대한 복음 설교가로 꼽힌다. 그는 감동적인 설교로 청중들의 마음을 사로잡아 5~6세기부터 크리소스토무스(황금의 입)라는 영예로운 별명으로 불렸다. 동서방 교회에서 한결같은 사랑과 존경을 받아 왔으며, 서방 교회는 1568년부터 요한 크리소스토무스를 아타나시우스, 대 바실리우스, 나지안주스의 그레고리우스와 함께 4대 동방 교부로 공경하고 있다. 9월 13일에 그 축일을 기념한다.

요한의 저서는 '그리스 교부 총서'Patrologia Graeca 열여덟 권(제47-64권)에 담겨 있는데, 그 규모는 아우구스티누스에 비길 만하다.

2. 『참회에 관한 설교』

요한의 저서 대부분은 설교 또는 강해homilia[3]이고, 거의 모든 설교는 18년에 걸친 사목 활동(사제 생활 12년과 주교 생활 6년)의 열매다. 『참회에 관한 설교』De paenitentia homilia는 전례 도중에 참회를 주제로 연거푸 행한 아홉 편의 강론 모음집이다.

요한 크리소스토무스의 설교 방식은 그의 생애 내내 한결같았기 때문에 그 많은 설교들이 언제 어디서 행해졌는지 분명하게 밝히기는 어렵다.[4] 대규모 연작 설교들이 요한의 안티오키아 시절에 탄생했고,[5] 건강이 좋지 않아 교회 공동체를 상당 기간 떠나 지내면서 늘 그리워했다는 진술[6]로 미루어 볼 때 안티오키아에서 사제로 활동하던 시기(386~397)에 저술되었으리라 추정할 따름이다.[7]

이 작품은 참회를 주제로 삼고 있지만, 고대 교회의 참회에 관한 법적·제도적 규정을 언급하거나 암시하는 곳은 어디에도 없다. 현행 고해성사와 같은 참회 제도를 해설하는 문헌이 아니라는 말이다.[8] 오히려 참회와 죄의 용서, 뉘우침과 새로운 삶은 언제나 동시적이고 즉각적이라는 점을 끊임없이 강조하고 있다. 자신의 나약함으로 날마다 걸려 넘어질지라도 다시 일어나기를 결코 두려워하지 말고, 하느님 앞에서 죄를 뉘우치기만 하면 언제든 새롭게 시작할 수 있다는 복음적 위로와 권고가 이어진다. 우리의 죄와 허물이 진홍처럼 붉을지라도 눈처럼 희게 만들어 주시는 하느님의 사랑과 자비는 무한하고 그 용서에는 아무 조건이 없다는 확신을 심어 준다. 그런 의미에서 이 책은 '참회에 관한 설교'인 동시에 '하느님 자비에 관한 설교'이며, 교부 문헌들 가운데 단연 돋보이는 자비의 책이다.

요한은 『참회에 관한 설교』에서 틀에 박힌 엄격한 참회

규정 대신 다양하고 실천적인 참회의 길을 제시한다. 첫째, 죄를 고백하기(2,1-2). 둘째, 죄를 슬퍼하기(2,3). 셋째, 겸손 (2,4-5). 넷째, 자선(3,1-3). 그 밖에 기도와 눈물(3,4)을 통해서도 진정한 참회를 할 수 있고 죄를 용서받을 수 있다고 가르친다.

고대 교회에는 엄격주의와 관용주의가 긴장 관계에 있었고, 엄격한 참회 관행이 그리스도인의 삶 한가운데 자리 잡고 있었다. 임박한 재림을 고대하던 초기 그리스도인들은 세례를 통해 깨끗해진 상태로 다시 오실 주님을 맞아야 한다는 종말론적 긴장감을 지니고 살았다. 그 결과, 세례 받은 다음에는 다시는 죄를 용서받을 수 없다는 엄격주의가 교회 관행으로 굳어졌다. 세례 받은 뒤에도 죄를 용서받을 수 있다(그러나 단 한 번!)는 관용적인 주장이 헤르마스의 『목자』 (130~140경)라는 묵시 문헌을 통해 처음으로 은근슬쩍 나타나기는 했지만, 세례 받은 뒤 중대한 죄를 저지른 사람은 일생에 한 번밖에 없는 매우 길고 가혹한 공적 참회 절차를 거쳐야 했다. 죄를 지은 그리스도인들은 참회를 죽기 직전으로 연기하기 시작했다. 그리하여 참회는 신앙생활에서 더욱 멀어졌고, 죽음을 준비하는 수단이 되었다. 세례를 받은 뒤 죄를 짓고 고달프게 참회하느니 차라리 죽기 직전에 세례 받자는 생각이 관행으로 굳어졌다. 일회적이고 혹독한 참회 제도는 치명적 위기에 빠질 수밖에 없었고, 그 상황은 6세기까지 이어졌다.[9]

사실 고대 교회에서 용서받을 수 없는 '죽을 죄'peccatum mortale / peccatum capitale 또는 '대죄'peccatum grave라고 규정한 살인, 간음, 배교(우상 숭배)는 예수님의 복음에 뿌리를 둔 것이 아니다. 예수님께서는 당신을 살해하던 인간들을 용서해 달라고 아버지께 기도하셨을 뿐 아니라, 첫 순교자인 스테파노를 살해하던 무리들 가운데 하나였던 바오로를 당신 교회의 기둥으로 삼으셨기 때문이다. 잔인하고 무자비한 돌멩이를 슬그머니 내려놓고 하나둘씩 떠나간 다음 마침내 "자비misericordia와 비참miseria 단 둘이 남은"[10] 그 극적인 순간에 예수님께서는 간음하다 잡힌 여인을 그윽한 자비의 눈길로 바라보시며 죄를 묻지 않으시고 다시 세상 한가운데로 돌려보내 주셨기 때문이다. 또한 당신을 세 번이나 모른다고 잡아떼던 배교자 베드로를 단죄하지 않으시고 오히려 세 번이나 거듭 사랑을 물으신 다음 그 뜨거운 참회의 눈물 위에 당신 교회를 세우셨기 때문이다.

하느님의 거룩함이 아니라 인간의 성성聖性이 강조되고, 하느님의 자비와 용서보다 교회의 벌과 단죄가 힘을 쓰던 당시의 관행을 뒤엎고서 하느님의 그지없는 자비와 조건 없는 용서를 뜨겁게 외친 요한 크리소스토무스의 이 설교는 정녕 복음의 혁명이다. 교회는 거룩하며 의롭고 강건한 자들의 결사체가 아니라, 죄스럽고 허약하고 가난한 사람들이 하느님의 사랑과 자비를 체험하는 곳이며, 넘어졌다가도 흘러넘치는 새로움의 은총으로 늘 새롭게 일어나고 언제나 다시 태어나는 부활의 장소라는 복음 진리를 일깨워 주기 때문이다. 이 설교에서는 죄인과 창녀의 벗이 되어 주시고, 지치고 병든 사람들에게는 의사가 되어 주시며, 길 잃은 양들에게는 착한 목자가 되어 주시는 하느님의 거룩한 마음을 만나게 된다. 그리고 그 거룩한 사랑과 자비가 살아 있는 곳이 바로 교회임을 깨닫게 해 준다. 교회는 세관이 아니라는 프란치스코 교황의 가르침[11]과 나란히, 교회는 법정이 아니라 병원이라는 교회론적 진리를 요한 크리소스토무스의 이 작품에서 만나게 된다.

　죄를 지었습니까? 교회에 가서 그대의 죄를 없애 버리십시오.

그대는 장터에서 넘어질 때마다 다시 일어납니다. 이처럼, 죄를 지을 때마다 죄를 뉘우치십시오. 실망하지 마십시오. 다시 죄를 지으면 다시 참회하십시오. 마련된 선에 대한 희망을 허둥대다 놓치는 일이 없도록 하십시오. 나이가 지긋하게 들어 죄를 지었더라도 교회에 가서 참회하십시오. 교회는 법정이 아니라 병원이기 때문입니다. 교회는 형벌을 저울질하지 않고 죄의 용서를 베풀 따름입니다. 오직 하느님께만 그대의 죄를 말씀 드리십시오. "오로지 당신께 죄를 지었나이다. 당신 앞에서 악을 행하였나이다"(시편 50,6 참조). 그러면 그대는 죄를 용서받습니다.[12]

3. 『자선』

이 설교는 요한 크리소스토무스가 어느 추운 겨울날[13] 시장과 비좁은 골목길을 지나 교회로 돌아오는 길에 길바닥에서 나뒹구는 병들고 가난하고 헐벗은 사람들과 마주친 뒤, 서둘러 신자들에게 달려와 병고와 추위에 고통받는 이웃을 향한 연민과 연대를 호소하는 내용이다.

앞서 보았듯이, 초기 그리스도교의 엄격주의 전통은 세례 뒤의 용서 가능성을 배제하거나 제한적으로만 허용했다. 그러나 로마의 주교 클레멘스의 이름을 빌려 2세기에 그리스어로 저술된 『코린토 신자들에게 보낸 둘째 편지』 *Epistula secunda ad Corinthios*를 필두로, 성 키프리아누스 교부는 『선행과 자선』*De opere et eleemosynis*에서 자선이야말로 탁월한 참회 방법이며 죄를 용서받는 길이라는 사실을 신학적으로 논증한 바 있다.[14] 요한도 이러한 노선에 합류하여 자선을 통한 참회를 권고하면서,[15] 가난한 이들을 위해 지속적으로 자선을 실천할 수 있는 구체적인 길까지 제시한다. 바오로 사도가 코린토 신자들에게 권고하였듯이 '주님의 날'(주일)마다 가난한 사람을 위해서 자기 집에 '주님의 돈'을 따로 모아 두었다가 필요한 곳에 나누어 주자는 제안이다(1코린 16,1-2 참조). 가난하면 가난한 대로, 넉넉하면 넉넉한 대로 저마다 형편대로 성도들을 위한 모금에 동참하자는 것이다. 자선의 당위성에 관한 원론적 가르침에 그치지 않고, 실현 가능한 구체적 방법까지 모색하는 실천가의 면모가 돋보이는 작품이다.

4. 그리스어 원전

『참회에 관한 설교』

De paenitentia homiliae 1-9, PG (= Patrologia Graeca) 49, 277-350.

『자선』

De eleemosyna, PG (= Patrologia Graeca) 51, 261-272.

5. 현대어 번역

『참회에 관한 설교』

독일어: *Bibliothek der Kirchenväter: Chrysostomus 1*, J.C. Mitterrutzner (tr.), Kempten 1869, 377-490; *Bibliothek der Kirchenväter: Chrysostomus 3*, F.X. Reithmayr-V. Thalhofer (eds.), M. Schmitz (tr.), Kempten 1879, 74-89 [homilia V].

영어: St. John Chrysostom, *On Repentance and Almsgiving, The Fathers of the Church*, vol.96, G.G. Christo (tr.), Washington D.C. 1998, 1-130.

이탈리아어: Giovanni Crisostomo, *Invito a penitenza*, Versione, introduzione e note a cura di B. Borghini, Alba 1975.

에스파냐어: San Juan Crisóstomo, *La penitencia*, Logroño 1989.

『자선』

독일어: *Bibliothek der Kirchenväter: Chrysostomus 3*, F.X. Reithmayr–V. Thalhofer (eds.), M. Schmitz (tr.), Kempten 1879, 239-261.

영어: St. John Chrysostom, *On Repentance and Almsgiving, The Fathers of the Church*, vol.96, G.G. Christo (tr.), Washington D.C. 1998, 131-149.

※ 우리말 번역에는 영어 번역본을 사용했다.

6. 더 읽을거리

루돌프 브랜들레『요한 크리소스토무스』이종한 옮김, 분도 출판사 2016.

요아니스 알렉시우『성 요한 크리소스토모스』박용범 옮김, 정교회출판사 2014.

H.R. 드롭너『교부학』하성수 옮김, 분도출판사 2001, 449-460.

에른스트 다스만『교회사 II/1』하성수 옮김, 분도출판사 2013, 366-373.

그레고리오스『성 요한 크리소스토모스의 신성한 성찬 예배』박노양 옮김, 정교회출판사 2018.

요한 크리소스토무스『라자로에 관한 강해』그리스도교 신앙 원천 6, 하성수 역주, 분도출판사 2019.

요한 크리소스토모스『부와 가난』박노양 옮김, 정교회출판사 2018, 257-323.

요한 크리소스톰『부자』조계광 옮김, 규장 2009.

요한 크리소스토무스『단순하게 살기』이현주 옮김, 아침이슬 2008.

크리소스톰『로마서 강해』송종섭 옮김, 지평서원 2000.

크리소스톰『에베소서 강해』송영의 옮김, 지평서원 1997.

『참회에 관한 설교』

1   『성경』(한국천주교주교회의 2005)에는 "사십 일"이다.
2   글자 그대로는, "카인은 양(의 털)을 깎듯 동생 아벨(의 털)을 깎았다"이다.
3   『성경』에는 "사십 일".
4   동정녀의 아드님이신 예수 그리스도.
5   『성경』에는 "사십 일".
6   『성경』에는 "사십 일".
7   성경을 일컫는다.
8   각각 이사야, 이사악을 가리킨다.
9   요한 크리소스토무스는 성경의 문자적 의미와 역사적 의미를 강조하는 안티
     오키아 전통에 속하지만, 신구약 성경의 조화와 연속성을 강조하기 위해 성
     경의 우의적 의미와 상징적 의미를 존중하여, 구약은 신약의 예고이며 예형
     이라고 설명한다.
10   성찬의 식탁을 가리킨다.
11   여기서 요한 크리소스토무스는 거룩한 전례 거행 중에 이야기하고 있다.

『자선』

1   여기서 크리소스토무스는 자신이 바오로 사도인 것처럼 말하고 있다.
2   시리아의 안티오키아.

해제

1   최원오 「요한 크리소스토무스」 『내가 사랑한 교부들』 분도출판사 2005, 204-208을 근간으로 삼았다.

2   베네딕토 16세 『요한 크리소스토무스 성인 서거 1600주년 기념 서한』 서론.

3   '설교'(homilia 또는 sermo)와 '강해'(homilia 또는 tractatus)를 명쾌하게 구별하기는 쉽지 않지만 군이 정의하자면, 설교는 주로 미사 전례 때 행해지는 강론을 뜻하고, 강해는 성경 각 권이나 핵심 구절을 일정 기간 동안 연속적으로 풀이하는 강의식 설교를 일컫는다.

4   참조: S. Döpp–W. Geerlings(eds.), "Johannes Chrysostomus", *Lexikon der antiken christlichen Literatur*, Freiburg 2002, 378-395.

5   참조: 루돌프 브랜들레 『요한 크리소스토무스』 이종한 옮김, 분도출판사 2016, 67.

6   참조: 요한 크리소스토무스 『참회에 관한 설교』 4,1.

7   G.G. Christo는 386/387년경으로 본다. 참조: St. John Chrysostom, *On Repentance and Almsgiving, The Fathers of the Church*, vol.96, G.G. Christo (tr.), Washington D.C. 1998, 15.

8   참조: J. Quasten, *Patrology III*, Texas 1986, 478-479; B. Altaner–A. Stuiber, *Patrologie: Leben, Schriften und Lehre der Kirchenväter*, Freiburg 1993, 329-330.

9   참조: 에른스트 다스만 『교회사 I』 하성수 옮김, 분도출판사 2007, 310-328.

10 아우구스티누스 『요한 복음 강해』 33,5.

11 교황 프란치스코 『사랑의 기쁨』 310: "우리는 은총의 촉진자보다는 은총의 세리처럼 행동합니다. 그러나 교회는 세관이 아닙니다. 교회는 저마다 어려움을 안고 찾아오는 이를 위한 자리가 마련되어 있는 아버지의 집이라는 것이 사실입니다."

12 요한 크리소스토무스 『참회에 관한 설교』 3,4,19.

13 G.G. Christo는 387년 겨울이라고 밝힌다. 참조: St. John Chrysostom, *On Repentance and Almsgiving, The Fathers of the Church*, vol.96, G.G. Christo (tr.), Washington D.C. 1998, 16.

14 이 주제에 관한 해설은 키프리아누스 『선행과 자선 외』 최원오 역주, 그리스

도교 신앙 원천 3, 분도출판사 2018, 212–213 참조.

15   참조: 요한 크리소스토무스『참회에 관한 설교』3,1–3.

가난 33 46-7 57 62 67-9 94-
5 104 129 139 141 166-
8 185 187-91 193-4 196-
7 200 236-41 247-8 250-3
256-63 265 269-71 279-81

가난한 이들 55 67-8 95 129
167 185 187-8 191 193
197 236-41 247-8 250-3
256-7 259-63 269 271 281
~의 위로 236

가르침 127-8 132 137 149
151-2 156 203 237 279
281

간음 133-4 137 143 149-52
176 195 278

간질 107

간청 32 94 98-100 117 154
172 184-5 214 226 229
237 241 266

감사 69-70 76 93 97 101-2
104 166

강도 23 40 208

거짓말 51 181 227

건강 16 25 100 104 112 123
130 135 137 155 183 210
217-9 260 269 276

게으름 23 33 78 89 96 106
150 261

겸손 26 54 56-9 64 89 91 97
100 167 254 270 277

계명 46 94 126 139 141-2
150-1 176 222 239 ☞ 율법

고귀한 피 231

고백 27 40-4 48 57 119 165
172 181-2 184 195 197
209 277

고통 15 18-9 21-2 35-6 41 47
51 53-4 70 85-6 88-9 91
101-2 104 109 111 116
122 129 135 138 182-4
243-4 262 280

고해성사 276 ☞ 참회

관대함 92 158 160-2 167-9
171 176 188

교육 179 269

교회 28-9 41 58 61 63 67-8

78-9 86 91-2 95 106 112
131 159-60 179-80 193
200 203-5 228-9 238 244-
5 250 253 257 271 274-80

구원 23-4 30-1 37 54 62-3 68
75 79 82 87 89 92 94 97
102 104 107 109 119 132
148 155 157-8 162-3 169-
70 172-3 175-7 179 181
183-4 187 189 191 195
201-2 209 211 217 221
226 228 232 247 249

그리스도 19-22 26 30-2 36-
40 59 69-70 77 79-80 83-
4 93 95 105 107 111 113
116 126 128 134 136 140
143-4 147-8 152 155 157
166 179 187 193 198 200
212 225 232 242-4 251
258 266 271 285
~와 동일시되는 가난한 이들
187-8
~의 몸 154 228
목자인 ~ 36 279
영혼의 의사인 ~ 97-8 183
279

기도 19 27 64 76-8 91 97
99-101 107 126 220 226
229 257 269 273 277

기쁨 16 35-6 85 105-6 246

252

기억 15 17 34 45 60 64 75
86 93 146 153 155 162
171 194 212 222 229 237
240 244-5 274

깨끗함 105 124-5 155 170
203 206 222 277

꿈 16 92

끈기 172

나약함 30-1 88 94 101 109
116 276

나탄 46-8 172

낙담 22-5 29 33 41 76 87
201

낙태 20

노동 57

노아의 방주 200

뉘우치지 않음 101 158

니네베 23-4 51-3 110-1 113
119-20 175

다니엘과 세 젊은이 88 106 121

다윗 임금 38 44-7 52 90 97
116 163 171-3 175 182
184 190

단식 49-50 55 106-10 113
120-5 127-32 134 161 206
220

덕/덕행 23 38 55 57-9 61 64

66 73 87 108 111-2 131
158 162 179 187 194 230
239 258

가난과 ~ 258

~의 상급 35 153-4

~의 아름다움 58

~의 여왕 64

돈 48-9 59 62-3 74-5 91 96
98 165 185-7 189-90 211
247 250-2 254-60 263 281

동정(童貞) 65-6 69 71-5 96-7
139-41 194

두려움 21-2 27 52 85-7 91
107 118 134 137 144 155
163 176 215 228 238

라합 176-7 179-81

로마인 160 241-2

마음의 완고함 38

말씀(logos) 61

무기 24-5 29 109 125 201
251

바리사이 23 54 56 64 152
164

바오로 17-21 23 25-30 32
37 57-9 82 88 95-7 113
136 140-1 154 156-7 160
166 180-1 184 218 237-

40 243-5 247 249-52 254-
5 257 261-2 274 278 281
285

박해 23 31-2 265

반항 46 219

벌 28 34-5 43 48 50 52 110
119 133-4 140 142 153-4
158-60 170 173 182-4 196
208-9 221 229 241 243
262

법정 35 38 78 95 115 117-
8 134 155 184 231 238
242-3 262 279-80

베드로 28 32 79-81 111-3
237 240 274 278

보화 81 245 249 259

본시오 빌라도 242

부 62 71-2 94 167 197 230
238 258

부끄러움 80 205 208

부담 63 80 103 116 135 140
142 150-1 222 251 261

부패 28 137 171-2 206

분노 50 53-4 63 91-2 96 101
111 121 223

불륜 25 28 30 44-6 72-3 95-
6 113 131-4 157 159 176
179 195

빚 62 65 165 188 191 196-7
231

사랑 15-8 24 28-9 31 35 38 40 44 51-3 59 61 67 74 76 81-3 90-1 96-8 102 105 108 111-2 118 126 143 146 155 159 163-5 168-9 173 175-6 185 190 193 199 202 205 208-9 215-6 221-2 232 235 252 265-6 270 275-6 278-9

사제 227 270 276

사탄 23 28-30 40 206-7

상급 35 70 129 135 141-2 153-4 157 197 265

성경 23 41-2 48-9 52 54 63-4 77 85-7 89-90 115 117 134 158-9 168 177 188 193 201 210 226 269 285-6

성인/성도 86 88 90 94 163 169 180-1 239-40 245 281

성찬례 155

세례 33 182 193 269 277-8 280

세례대 182 ☞ 세례

세리 23 40 54-7 59 64 100 161 286

세상 18 20 43 52 55 57-8 62 71 74-5 79 83 89 91 99 114 117 128 135 159-60 166-7 174-5 192 196 213 217 226-7 229-30 257 270 273 278

속량 75 231

속박 75

수도승 108 269 271

스스로 단죄함 26 41 48 56-8 118

슬픔 19 29-30 32 54 86 89-90 93 113 116 184 217

시간 15 35 56 59 92 111 128 132 171-3 182 184 204 227-8 231-2 247-9 253-4

신뢰 34 189

신성 131 181

신앙 158 177 179-80

심판 37 46-7 50 55 70 95 101 133 155 165 170 183-4 187 195 230 238 264

십자가형 31-2 74 241-2

아브라함 72 145 147-9 158 180

아합 40 44 49-51 53-4 63 170-1 178 182-3 195 202-3 205 208 243 247 263-5 280

악 22-3 27-35 37-8 53 57 66-7 78 92 109 112 119 123-4 130-1 133-4 139 158-9

163-4
~의 원인 182-3
악마 23-5 29-32 40-1 73 78 82 130 194 201 205 207-8 246 ☞ 사탄
안식일 220
약 35 46 109 112 123-4 132 137 157 168-70 189 195 201 204-6 208-9 211 224
영~ 202
양과 늑대 29 161 200
양심 86 98 128 155 204 227
엘리사 88
엘리야 50-1 53-4 63 68-9 88 108 248
열의 15 162 255
영적 눈멂 173
영적 자녀 18-21
영혼 15-7 19 30 44-5 55 59 68 75 81 85 88 90-1 93-9 101-2 104 111 114 116 118 123-5 127-8 130-1 134 136 155 161 171 173 177 183 205-6 211 217-8 226 228-9 232 238 246 254
예언/예언자 24 34 38 44 46 50 52-4 61 72 90 92 108 110 115 118-21 131 144 146-9 172 175-6 210 215

218 220 248-9 260
요나 40 51-3 106 110 114-8
욕망 132 136 188
욕정 44-5 66 73-4 96 107 109 122 129 134 151 173 182 207
용기 22 24 37 76 127 179 190 201-2 205-7 272
용서 32-3 35 48 53-4 63-4 76 78 81 89 92 141 157 162 164-6 171-3 220 229 242 261-2 264 274 276-81
원수 29 50 99-101 107 132-3 166 239 247 265
유다 162 212 240 244
유다(배반자) 30-1
유대인 19 34 80 90-1 93 144 146 179-80 205 213 220 240-3
유산 32-3 36 75
육신/육체/몸 15-7 18-9 26 28-9 44-5 58 66 71-2 88 90 93 95-6 100 102 104 115 119 122-5 130 132-5 143 147-9 154 183 190 192 199 205 207 209 217-9 228 230 236 255 260
육화 77 147
율법 137 148 152-4 157 169-70 176 179 191

은총   17 38 57-9 72 83 105-
    6 126 128 153-4 157 169-
    70 187 192 214 232 251
    255-6 266 279 286
의로움   26 41 56 59 64 87
    152 159 163-4 186 197
    206 210
의사   25 35 46 97-8 123-4
    134 173 183 204 209-11
    217 279
이제벨   49-50
인간   24 38 51 53 59 64 67
    69 71 76 79-82 86 97-8
    101 103 108-9 111 116-
    8 120 122-3 126 134 143
    147 152-3 156 160 164-5
    168-70 173 175-6 183 185
    190 202 207-9 215 217
    219 221-2 228 230 232
    246-7 278-9
    ~ 본성   71 80 152 230
    247
    ~에 대한 사랑   24 38 51
    59 111 126 143 168 176
    190 209 221 232
일치   146 151
임금   44 46-9 69 167-9 172-3
    180-1 191 215-6 239 241

자비   36 53 64 75 97 104 161

    163 167 169 171 188-92
    194 223 235 244 252 256
    259-60 262 264-6 270 276
    278-9
자선   60 64-70 74-5 83 91
    182 185-9 195-7 235 237-
    9 245-6 250-3 255-6 260
    263-5 277 281
    가난한 이들과 ~   67 187-8
    239 250-60
    덕행의 여왕인 ~   64
    영적 자양분인 ~   252
자연   18 20 56 168 193 210
    214 223
잠   16 116 231
장사   67 186
전쟁   40 73 109 182 246
절망   38 87 111 162 201
정의   99 162-3 270
죄
    나이와 ~   78
    눈멂과 ~   173
    부끄러움과 ~   208
    세례 받은 사람과 ~   277-8
    습관적 ~   138
    ~를 슬퍼함   48 51 63 184
    277
    ~의 속박   75
    ~의 용서   78 81 157 173
    276 280

질병인 ~ 182-3

죄인 26 38 41 56-7 63 86
100 156-8 160-3 165-7
172 191 201 207-8 210
221-2 279

주님의 기도 229

지옥 19 110-1 138 142 164
195-6 211 232 246

질병 27 88 94 104 123 129
131 134 136 182-3

질서 91 118 206-7

집 16 27-8 33-5 70 77 93
106 129 131 164 173 180-
1 196 201 236 245 247
249-51 281

참회 23-4 30-2 35 38 40-3
48 54 59-60 62-4 75 77-9
81 85 92 108 111-3 156-8
160-4 169-73 175-6 181-2
184-5 195 199 201-2 205-
8 211 216 218 222 224-5
230-2 269 275-8 280-1
무기인 ~ 201
사탄과 ~ 40 206-7
성사인 ~ 276
~의 때 230
~의 수단 158
~하는 죄인 222

창조 174 192

천사 23 58-9 64 69-71 108
147 185

체험 279

카인과 아벨 42-3 180 285

코린토 신자 25 27-8 32 38
156 244-5 247 254 257
281

탐욕 30 57 91 96 188-9 191
272

탕자 32 34-5

태/태중 19-20 75

투덜거림 138

파라오 92

폭식 107 121 123 125

하느님
번제물과 ~ 220
안식처인 ~ 98 102 104
영혼의 의사인 ~ 97-8 183
인간에 대한 ~의 사랑 24
51 76 82 111 143 168
175-6 190 209 221
판관이신 ~ 101 184-5 187-
8 231
~의 개입 189-90
~의 권능 174
~의 나라 100 176

~의 눈 170

~의 선하심 87 104 163
174 190 202

~의 엄격하심 161-2

~의 인내 92 156 160-1

~의 자비 97 266 279

~의 진노 215 220

~을 채무자로 삼음 188 196

하늘나라 38 59 77-8 82-4 126
152-3 194-5 232

혼인/혼인 잔치 65 67 71 73-4

활동 152 225 256 275-6

회개 38 113 156 160 184
232

회심 161 172

훈육 103

흐느낌 113 220

희망 22 24 37-8 78 94 104
162 198 201 217 221 230
258 280

성경 색인

■구약

창세

1,11 **258**

2,16 **109**

3장 **226**

　16 **183**

　19 **109**

4,9 **42**

　10 **42**

　12 **43**

　13 **43**

9,9 **145**

19장 **226**

36장 **159**

39장 **72**

탈출

20,3 **178**

　13 **133**

　14 **143 176**

32,1 **178**

　4 **178-9**

민수

11,18 **205**

12,10 **164**

신명

4,39 **178-9**

6,4 **178**

　11-12 **90**

32,1 **213**

　15 **90**

여호

2,4 **180**

　9 **179**

　11 **179**

6,3-5 **175**

　17 **176**

1사무

16,1 **172**

　7 **170**

18장 **226**

2사무

11,2 **44**

12,5-6 **47**

  7 **47**

  13 **47-8 172-3**

1열왕

13,2 **215**

17,10 **249**

21장 **49**

  19 **50**

  29 **53 63**

욥

2장 **226**

시편

2,10 **167**

6,7 **182**

7,10 **95**

8,4 **52**

9,19 **198**

24,1 **52 114**

33,15 **98**

38,5 **116**

46,3 **175**

49,13 **61**

51,5 **171**

  6 **78**

  19 **97**

77,11 **161**

78,34 **90**

89,8 **163**

95,2 **182 184**

  5 **52**

  7-8 **38**

109,31 **190**

112,9 **197**

139,7 **114**

  8 **114**

  10 **114**

145,9 **163**

  13 **191**

  15 **192**

  16 **193**

잠언

18,17(칠십인역) **207**

19,17 **188 190**

20,5-6 **64**

아가

5,2 **16**

집회

34,28 **132**

이사

1,1 **212**

  2 **212**

4 **218**

5 **218-9**

6 **219**

7 **219**

10 **219**

11 **219**

13-15 **220**

16 **170 220 222**

17 **222**

18 **164 223**

43,25-26 **171**

26 **41 48 207**

53,7 **147**

55,1 **187**

64,1-2 **175**

예레

2,5 **103**

19 **34**

3,7 **78**

5,4 **166**

8,4 **38 77 162**

5 **162**

31,31 **144**

32 **144**

에제

18,23 **81**

24 **162**

33,11 **162**

다니

13,45-64 **45**

호세

6,6 **260**

11,8 **222**

요나

1,1 **110**

3 **52 114**

5 **115**

6 **117**

7 **117**

12 **119**

3,4 **24 51 53 110 120**

4,2 **53**

즈카

1,3 **162**

5,7 **116**

■신약

마태

5,4 **184**

19 **126**

20 **152**

22 **164**

27-28 **133 143**
  28 **137 143 149**
44-45 **265**
6,6 **99**
  12 **229**
  33 **100**
7,2 **264**
9,13 **260**
10,42 **67 186**
11,28 **116**
  29 **97**
16,17 **79**
  27 **95**
17,(21) **107**
18,26 **165**
19,21 **141**
21,31 **176**
22,17 **242**
  21 **242**
23,37 **218**
25,2 **65**
  8 **65 96**
  8-9 **66**
  10 **71**
  11 **71**
  12 **71**
  24 **139**
  27 **165**
  31-37 **192**
  40 **65 69 194**

41 **194**
42 **194**
26,6 **164**
  35 **79**
  69 **80**
  74 **80**
  75 **112**
27,4 **31**
  24 **242**

마르
2,5 **157**

루카
7,47 **164**
  48 **164**
9,58 **231**
10,18 **23**
11,5 **77**
12,48 **113**
  49 **128**
13,34 **93**
15,11-32 **33**
  18 **33**
  32 **35**
17,10 **26**
18,10 **54**
  11 **55**
  11-12 **55**
19,21 **139**

23 **165**
21,2-4 **248**
22,61 **80**
23,43 **209**

요한
5,14 **183**
6,67 **79**
7,37 **193**
38 **193**
12,6 **259**
7-8 **259**
19,15 **241**
21,15 **112**

사도
9,15 **57**
10,4 **64 185**
11,29 **240**
30 **263**

로마
2,12 **153**
9,2 **19**
13 **159**
12,8 **252**
15 **27**
15,25 **240**

1코린
1,4-5 **166**
2,9 **82**
3,13 **138**
4,15 **20**
5,1 **25**
2 **25-7**
6 **27**
7,25 **140**
34 **96**
9,16 **142**
18 **142**
27 **38**
10,12 **37**
11,28 **154**
15,9 **58**
10 **58 83**
16,1 **244**
1-2 **238 281**
2 **245**
3-4 **254**
4 **256**

2코린
2,6 **29**
7 **29**
8 **29**
11 **30**
4,16 **123**
17 **136**

7,10 **184**
9,7 **252**
11,2 **95-6**
  24-25 **243**
12,21 **38 113 156**
13,3 **157**

갈라
2,9-10 **237**
  10 **240**
3,27 **193**
4,19 **18 20**
  21 **148**
  21-24 **149**

에페
5,27 **96**

필리
1,7 **17**

1테살
2,14 **244**

2테살
2,7 **239**
3,10 **261**
  13 **262**

1티모
6,15 **167**

히브
4,12 **95**
10,28-29 **154**
  32-34 **244**
11,4 **180**
  8 **180**
  31 **180**
  34 **89**
12,7 **103**
  14 **154**
  16 **159**

야고
2,17 **225**

1베드
1장 **231**

최문희

한국외국어대학교 영어과와 성균관대학교 번역대학원을 졸업했다. 한국 천주교 주교회의 번역실에서 일했으며, 가톨릭평화방송 번역 작가로 활동하고 있다. 옮긴 책으로는 『하느님의 구두』(솔출판사 2007), 『샤갈의 다프니스와 클로에』(세미콜론 2008, 공역), 『성 · 권력 · 교회』(분도출판사 2011), 『참행복의 비밀』(분도출판사 2012), 『치유자 예수님』(가톨릭대학교출판부 2013), 『벗어나십시오』(분도출판사 2014), 『하느님을 기다리는 시간』(분도출판사 2016), 『교부들의 성경 주해 ― 열왕기 외』(분도출판사 2018)가 있다.

최원오

광주가톨릭대학교와 대학원을 졸업하고, 로마 아우구스티누스 대학에서 교부학 박사학위를 받았다. 부산가톨릭대학교 교수로 일했으며, 현재 대구가톨릭대학교 교수다. 『내가 사랑한 교부들』(분도출판사 2005, 공저), 『종교 간의 대화』(현암사 2009, 공저), 『교부들에게 배우는 삶의 지혜』(분도출판사 2017, 공저)를 지었고, 『교부들의 길』(성바오로출판사 2002, 공역), 포시디우스의 『아우구스티누스의 생애』(분도출판사 2008, 공역주), 아우구스티누스의 『요한 서간 강해』(분도출판사 2011, 공역주), 『교부들의 성경 주해 ― 마르코 복음서』(분도출판사 2011), 암브로시우스의 『나봇 이야기』(분도출판사 2012)와 『토빗 이야기』(분도출판사 2016), 오리게네스의 『원리론』(아카넷 2014, 공역주), 『성 아우구스티누스』(분도출판사 2015, 공역), 『선행과 자선 외』(분도출판사 2018)를 우리말로 옮겼고, 『교부 문헌 용례집』(수원가톨릭대학교출판부 2014)을 함께 엮었다.

정숙인(글로리아) 님이 한국교부학연구회에 이 책의 출간 재정을 지원하였음을 밝힙니다.

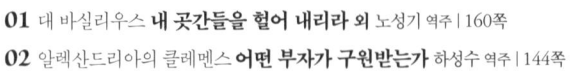

대중판 교부 문헌 총서 그리스도교 신앙 원천

01 대 바실리우스 **내 곳간들을 헐어 내리라 외** 노성기 역주 | 160쪽

02 알렉산드리아의 클레멘스 **어떤 부자가 구원받는가** 하성수 역주 | 144쪽

03 키프리아누스 **선행과 자선 · 인내의 유익 · 시기와 질투** 최원오 역주 | 144쪽

04 에게리아의 순례기 안봉환 역주 | 152쪽

05 브라가의 마르티누스 **교만 · 겸손 권면 · 분노 외** 김현 · 김현웅 역주 | 208쪽

06 요한 크리소스토무스 **라자로에 관한 강해(1-7편)** 하성수 역주 | 368쪽

07 요한 크리소스토무스 **참회에 관한 설교 · 자선** 최문희 역주 최원오 해제 | 304쪽

계속
나옵니다